AF451751

LES LOIS DU PROGRÈS

PARIS. — TYPOGRAPHIE A. HENNUYER, RUE DARCET, 7

LOIS DU PROGRÈS

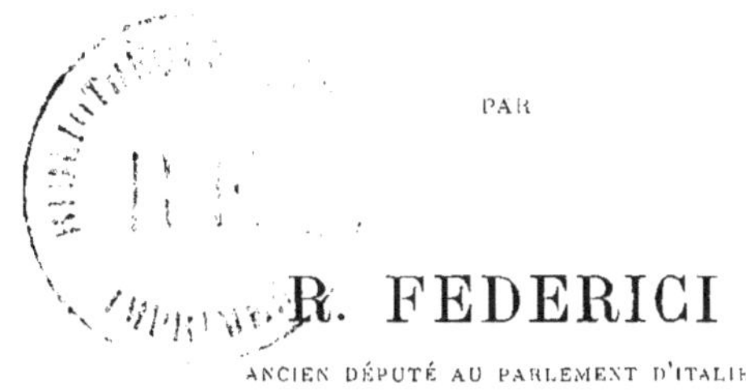

PAR

R. FEDERICI

ANCIEN DÉPUTÉ AU PARLEMENT D'ITALIE

OUVRAGE TRADUIT DE L'ITALIEN

PARIS

ANCIENNE LIBRAIRIE GERMER BAILLIÈRE ET Cⁱᵉ

FÉLIX ALCAN, ÉDITEUR

108, BOULEVARD SAINT-GERMAIN, 108

1888

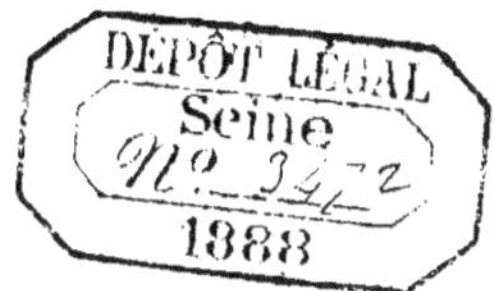

AU LECTEUR FRANÇAIS

La traduction et la publication à Paris de ce livre, paru pour la première fois à Rome en 1876, sont un pieux hommage rendu par une Française à la mémoire de l'auteur, un démocrate romain, qui lui avait donné son nom pour mieux s'attacher dans le présent et l'avenir, par les liens du cœur et de la famille, à notre chère France dont il avait fait son séjour et qui garde sa tombe.

Que le lecteur français ne s'étonne donc pas de se voir offrir un ouvrage italien à cette heure où l'Italie, démentant ses révolutions et ses luttes séculaires, confondant, hélas ! dans un même oubli ses martyrs et ses vengeurs, s'allie avec la race hostile, qui l'a de tout temps humiliée et opprimée, contre la race amie, qui l'a secourue et relevée au prix de son sang.

Le galant homme qui a cherché dans l'histoire les *Lois du progrès*, Romolo Federici, appartenait à l'élite des libres esprits et des cœurs élevés qui ne se font pas une idole de la Force, qui lui préfèrent le Droit, même vaincu.

Et n'est-ce pas le droit par excellence, celui pour lequel, en 1848, se sont, d'un élan unanime, insurgées toutes les villes d'Italie, celui pour lequel, en 1859, le sang prodigué des Français et des Italiens a glorieusement arrosé les champs de Palestro, de Magenta et de Solférino, n'est-ce pas ce droit sacré, dont la violation constitue les conquêtes illégitimes, c'est-à-dire barbares, qui est aujourd'hui brutalement foulé aux pieds dans l'Alsace-Lorraine ?

« Ces deux provinces sont unies à la France depuis deux siècles, et il n'y en a point de plus hostiles à l'Allemagne, » disait Federici dans un chaleureux appel à la démocratie italienne publié par la *Riforma*, le 22 septembre 1870. Et il ajoutait : « Prétexter leur origine allemande pour les arracher à la France, c'est perpétrer, au nom du droit national, un attentat contre le fait même de la nationalité. »

Au *furor teutonicus*, dont nous menaçait hier, en grinçant des dents ou, plutôt, des crocs, un petit-fils d'Arminius, il eût voulu opposer avec Pétrarque la *vertu latine* (1) et, dès le lendemain de Sedan, il l'invoquait, dans la ville de Germanicus, il l'appelait au secours de Paris assiégé. « La cause de la

(1) Virtù contra furore
Prenderà l' arme ; e fia'l combatter corto.

France est la cause de tous les peuples ! s'écriait-il, et leurs chefs ne devraient plus tarder à prendre sa défense... » « Quant au gouvernement italien, concluait hardiment notre ami, si la prise de possession de Rome n'a pas été pour lui la simple annexion d'une ville, il y trouvera, sous des formes diverses, la tradition perpétuelle de la solidarité des peuples et l'autorité nécessaire pour la faire prévaloir. »

L'âme chevaleresque de Victor Emmanuel était digne d'écouter cette voix qui répondait à ses sentiments intimes, comme, du reste, à ceux d'un grand nombre d'Italiens d'alors et d'aujourd'hui. Car le rôle de valet d'un Poméranien, que la moins fière des politiques et la moins clairvoyante aspire à lui faire jouer, ne convient pas et ne saurait plaire au peuple qui a rempli, à deux reprises, le rôle souverain de protagoniste de la civilisation. Les tâches serviles ne sont plus faites pour l'Italie émancipée, sortie enfin de sa longue impuissance, tourmentée du désir de mériter son bonheur et de justifier, par une nouvelle effusion de lumière, la confiance du poète qui a dit que, si jamais elle recouvrait la liberté, elle redeviendrait une troisième fois la reine du monde.

Pour contribuer, dans la mesure de ses moyens, à rendre à son pays l'indépendance politique et la liberté civile, Federici avait conspiré dès sa première jeunesse et combattu d'abord à Venise, ensuite à Rome ; aussi avait-il failli connaître l'hospitalité des bastilles du Saint-Père et, plus tard, lorsqu'aux jours d'espérance et d'héroïsme eurent succédé les années de deuil et d'oppression, il dut s'expatrier. Mais son exil, d'abord forcé, il le prolongea depuis volontairement, Paris ayant exercé sur lui son charme habituel.

Au reste, ses idées politiques n'étaient point celles de la majorité de ses compatriotes : à la forme unitaire, qui a prévalu en Italie, il préférait la forme fédéraliste. C'est même pour déduire les raisons de sa méfiance contre la concentration des pouvoirs et l'unité de gouvernement qu'il a écrit l'aperçu historique dont le présent volume renferme la traduction exacte et presque littérale. Le traducteur anonyme a tenu à rendre avec une fidélité, peut-être excessive, la pensée de l'historien politique qui parfois, nous devons le reconnaître, l'a développée insuffisamment, et qui ne l'a pas toujours exprimée avec la netteté lumineuse de Montesquieu.

A part ce léger reproche (que nous semblent mériter, d'ailleurs, la plupart des écrivains étrangers), nous ne nous permettrons aucune réflexion sur cet ouvrage longuement médité qui appelle et ne craint pas la discussion : nous le laisserons juger en toute liberté à de plus savants que nous.

ALEXANDRE PARODI.

Paris, 30 mai 1888.

AVANT-PROPOS ET PRÉFACE
DE L'AUTEUR

AVANT-PROPOS

Avant de m'adresser au lecteur indifférent, dont
l'attention ne se porte pas d'ordinaire au-delà du
livre, je crois devoir quelques éclaircissements préa-
lables à l'ami qui, lui, cherchera dans le livre, avant
tout, l'auteur.

Un livre satisfait rigoureusement à ce qu'il doit
au lecteur si, exact dans l'énonciation des faits, il
est logique et clair dans les déductions. Il mérite, de
plus, qu'on le considère comme l'acte d'un bon
citoyen, s'il met au jour une vérité qui paraît oppor-
tune ou nécessaire à proclamer. N'est-ce pas là le
but que doit se proposer, selon Socrate, quiconque
écrit pour le public?

L'ami exige bien davantage. Il attend du livre la
reproduction complète de l'esprit de l'écrivain, non
seulement tel qu'il l'imagine ou le souhaite, mais
tel qu'il doit être, à son sens, pour justifier ses propres sentiments. C'est à cet ami que j'ai à cœur
d'expliquer la raison de ces pages, afin de le bien

convaincre qu'elles ne sont que l'épilogue et le cou
ronnement de l'œuvre à laquelle j'ai longtemps col-
laboré avec lui, de notre labeur commun pour aider
au meilleur et au plus complet épanouissement des
forces de la patrie.

L'indépendance et l'unité de l'Italie — en vue
desquelles nul effort, nul sacrifice ne me semblaient
assez grands — apparaissaient à mon esprit comme
une hauteur escarpée qu'il fallait conquérir, afin
d'y asseoir un édifice vaste et sûr où, reprenant son
œuvre interrompue, la société italienne pût rétablir
à l'intérieur sa prospérité et à l'extérieur son initiative : ces deux pôles autour desquels doivent tourner
sans cesse les individus et les nations qui veulent
vivre.

Il était facile à notre pays, qui se trouvait en
quelque sorte au début d'une nouvelle existence, de
se reconstituer librement, au gré de sa volonté. En
effet, les obstacles et les résistances s'évanouissaient,
comme par enchantement, avant même que la hache
se levât pour les attaquer ; les événements heureux
se succédaient plus prompts que le désir qui les invoquait, et l'atmosphère ambiante, saturée d'enthousiasme, vibrait déjà des applaudissements prêts
à accueillir l'œuvre, quelle qu'elle fût, qui allait être
accomplie.

En Europe, tout semblait annoncer des transformations prochaines et générales.

D'une part, ayant rompu les attaches et changé
les rapports entre les anciennes puissances, l'Empire français avait par son exemple ouvert une
nouvelle arène, où étaient appelées à descendre, l'une
après l'autre, des ambitions longtemps retenues ou
ignorées d'elles-mêmes. D'autre part, le progrès des
lumières et les intérêts engendrés par de nouveaux
besoins agitaient partout les populations, les poussant à franchir les bornes où les tenaient confinées
des institutions et des lois surannées, désormais
insuffisantes.

On a toujours vu s'établir entre les nations, par
un accord tacite, une direction générale, qu'elles
suivent toutes pendant un temps déterminé, soit à
cause des renouvellements universels de la civilisation, soit par un besoin naturel d'imitation. Les
peuples se précipitent, à la suite les uns des autres,
dans les grandes ères qui doivent leur nom aux
œuvres entreprises en commun : ères des Croisades
et de la liberté de conscience, de l'émancipation des
Communes et de l'agrandissement des États. Tantôt
c'est le système des compromis et des conciliations
qui préside aux destinées des hommes, tantôt c'est
le fer qui tranche inexorablement toutes les questions, même les moins graves. Ici les liens de parenté, les mariages et les successions, ailleurs les
conquêtes, plus rapides, étendent les monarchies.
L'histoire la plus rapprochée de nous se partage en

époques de telle ou telle constitution, de telle ou telle réforme, de la liberté du commerce, de l'équilibre européen, de la non-intervention, des restaurations, des nationalités.

En dernier lieu, l'illusoire splendeur de la concentration française a séduit les Italiens, comme la réussite de ceux-ci a tenté la Prusse. Les succès inouïs de cette dernière seront, à leur tour, une tentation pour d'autres nations, et ainsi se perpétuera, avec les haines du dehors et l'oppression à l'intérieur, la série des grands pays organisés en empires, tandis qu'un ensemble de circonstances extraordinaires conviait l'Italie à ouvrir l'ère des grands pays gouvernés par la liberté.

Placée dans des conditions qui jamais peut-être ne s'étaient produites dans l'histoire des nations, notre patrie pouvait, dans un but de justice et dans la voie de la paix, accomplir une grande réforme que tous les peuples invoquaient, mais qu'aucun d'eux n'était à même de réaliser le premier.

C'est ce pressentiment, c'est cette attente qui, pendant quelque temps, nous valut la bienveillance des étrangers : ils espéraient que nos péripéties seraient une crise bienfaisante, pareille à celles qui, dans le règne de la nature, renouvellent la vie de la terre à la fin d'un hiver rigoureux.

Supposons que, dans les premières dix années de sa nouvelle période, l'Italie se fût organisée de

façon à élargir le champ de l'activité des populations
plutôt qu'à grossir le faisceau de la puissance du
gouvernement, à concilier progressivement les intérêts de toutes les classes plutôt qu'à surélever la
suprématie de l'une d'elles, à affermir l'autorité dans
le respect des droits et des possessions légitimes de
chaque individualité sociale, plutôt qu'à la chercher
dans les sources d'une force unique nouvellement
créée. Qu'on la suppose constituée de ses éléments
traditionnels, c'est-à-dire selon sa nature et non par
violence, et conformée de manière à devenir la
pierre d'attente d'une alliance avec tous les autres
peuples, plutôt qu'une épée levée contre de nouveaux
adversaires. Et puis qu'on ose affirmer, si un tel
exemple dans de telles circonstances avait été donné
par l'Italie aux autres nations, qu'il n'eût pas été
possible d'éviter les terribles guerres fratricides et
les révolutions aussi cruelles que stériles, qui ont de
nouveau jeté l'Europe dans un abîme insondable
d'incertitudes et de dangers.

Malheureusement, la clairvoyance des partis ne
fut pas, dans l'œuvre de l'unification, à la hauteur du
patriotisme déployé par eux dans l'œuvre de l'indépendance du pays. Quelques-uns présumèrent de
leur propre force au point de croire qu'ils pourraient
remplacer tous les autres, et l'impulsion de peu
d'éléments, ou même d'un seul, prit la place de
l'énergie nationale. Tout fut inutile auprès d'eux,

les avis les plus humblement exprimés, les conseils les plus modestes, comme la menace de dangers futurs. On refusa dédaigneusement de consentir aux moindres transactions. Que si l'on avait, même pour peu de temps, replacé la nation sur des bases plus conformes à son caractère, elle aurait sans doute repris avec les années le développement qui lui est naturel et propre.

Mais puisque toute espérance a disparu et que les esprits sont restés anxieusement penchés sur un avenir obscurci par mille dangers, il importe de donner une explication plus ample des opinions qui auraient dû, dès le commencement, déterminer la forme de la nouvelle organisation italienne.

C'est ce que j'ai essayé de faire, non sans avoir longuement médité la maxime de Confucius, qui recommandait d'écrire d'abord sur le sable les grands projets de réforme, afin qu'au moindre doute on pût les effacer sans qu'il en restât la moindre trace.

PRÉFACE

Les empires qui, sous leur masse confuse, écrasent indistinctement et font périr les peuples, se résument, malgré leurs traits différents, en un caractère commun ; de même, les nations présentent un caractère général, malgré les différences qui les distinguent entre elles aussi longtemps que chacune d'elles occupe la vaste scène où l'histoire fait successivement monter ces ouvrières du progrès humain. La manière de procéder de celles-ci est identique, et identique la raison des catastrophes de ceux-là. C'est la variété des impulsions qui élève et grandit les peuples, c'est l'étroite uniformité qui les énerve et les consume.

De même que l'art, qui a pour objet la santé du corps, sera exercé avec d'autant plus de succès qu'il aura une connaissance plus parfaite des phases innombrables par lesquelles est susceptible de passer la machine humaine, de même la science, dont la tâche est de diriger les nations, gagnera à la con-

naissance plus complète des différents cycles de
vie parcourus par les peuples dans l'étendue des
siècles.

Aristote croyait posséder déjà une excellente base
de savoir politique dans les cent cinquante constitutions classées par lui sur les rayons de sa bi-
bliothèque, lesquelles, suivant Diogène Laerce, lui
avaient été fournies par les villes congénères de la
Grèce, d'une importance secondaire. Combien la base
de ce savoir ne sera-t-elle pas plus solide, quand elle
reposera sur l'expérience des sociétés si nombreuses
et si peu semblables entre elles qui, depuis quatre
mille ans, n'ont cessé de paraître et de disparaître
dans les deux hémisphères?

Voyez la ferveur qui, de nos jours, multiplie les
investigations historiques, qui, dans les contrées les
plus lointaines, exhume des monuments ensevelis
depuis des milliers d'années, qui recompose des
écritures et des langues oubliées avant même que
les nôtres eussent pris naissance, qui reconstitue les
généalogies, qui suit les ramifications et les croise-
ments de peuples dispersés sur la terre avant même
que l'histoire eût enregistré leurs noms! Grâce à
cette ferveur, on verra bientôt réapparaître, exactement retracée, l'existence des innombrables
groupes sociaux qui se sont succédé sur la terre;
on saura lequel parmi eux a fourni jusqu'au bout
sa carrière ascendante, lequel s'est vu au contraire

arrêté tout à coup ou précipité avant l'heure dans la décadence. Pourra-t-on ne pas retrouver alors, dans ces grandes archives de l'humanité, les moyens les plus propres à remettre dans la bonne voie le peuple qui s'en sera écarté? Et y a-t-il une meilleure preuve de l'instinct de perfectionnement progressif inhérent à la nature de la société humaine que cette ardeur de recherches, par lesquelles on essaye de retrouver, dans les entrailles de l'antiquité, la révélation ou, pour mieux dire, la direction de l'avenir?

Toutes les fois que la civilisation a repris son essor vers une sphère plus élevée, on a vu se reproduire ce même phénomène : en Grèce, où le pèlerinage de ses sages en Égypte et en Asie a précédé son admirable développement; à Rome, où l'enquête des institutions helléniques et étrusques fut la base légale de son gouvernement; chez les Arabes, qui, par la traduction des livres grecs et phéniciens, par leurs communications avec les Indes préparèrent la gloire des arts et des sciences de Bagdad et de Cordoue; enfin dans notre Italie, qui rouvrit à elle-même et au monde entier les portes de la vie intellectuelle pendant la grandiose période qu'on a exactement appelée l'époque de la Renaissance, et qui fut précédée par la recherche, recommencée à deux reprises, de l'héritage grec et romain.

Ainsi, les peuples morts ressuscitent dans la postérité la plus reculée, ainsi ils reviennent féconder l'œuvre du présent par l'œuvre du passé et manifester, à travers les temps et l'espace, la solidarité du genre humain.

LIVRE I

RAPPORTS DES GRANDS EMPIRES AVEC LA SOCIÉTÉ HUMAINE

CHAPITRE I.

DURÉE DES GRANDS EMPIRES.

Aussi loin qu'on porte ses regards dans les horizons les plus reculés de l'histoire, on ne cesse de découvrir des nations diverses que rapprochent et mêlent continuellement les rapports de commerce ou le contact même des armes. Chacune déploie un caractère particulier qui la distingue et lui donne tour à tour la supériorité sur les autres, jusqu'à ce qu'il s'en trouve une qui s'élève si haut qu'elle les enchaîne toutes à sa destinée, dans une de ces agglomérations colossales que notre irrémédiable admiration pour la force a considérées de tout temps comme les centres lumineux de l'humanité.

Avant de rechercher par quelles voies se sont formés les peuples qui avaient en eux-mêmes la raison de leur prépondérance, mesurons d'un rapide coup d'œil la durée des grands empires que quelques-uns d'entre eux sont parvenus à fonder.

Dans cette supputation des périodes au cours desquelles la vie de plusieurs peuples est absorbée par un seul, qu'il me soit permis de ne pas comprendre les conquêtes trop vantées des Assyriens et des Chaldéens, dont les empires et les dynasties s'évaporaient, pour ainsi dire, dans les palais des Sardanapale et des Balthazar, au milieu des incendies et des massacres. A voir combien facilement Ninive et Babylone se laissaient surprendre et assaillir par l'ennemi, comment ne pas conclure que celui-ci ne devait pas venir de bien loin? Qu'on suive leurs limites sur une carte, et l'on constatera que, même au plus haut degré de leur puissance, ces merveilleuses monarchies ne s'étendaient pas au-delà d'un rayon de mille kilomètres.

En effet, telle était l'étendue des domaines de Sémiramis. Elle se faisait gloire pourtant de les avoir prolongés jusqu'aux quatre mers — la mer Caspienne, le golfe Persique, la mer Noire et la Méditerranée — que, de son aveu, aucun Assyrien n'avait abordées avant elle.

Hérodote, dont la véracité s'affirme tous les jours par les découvertes faites en Égypte et en Asie, place cette reine légendaire au huitième siècle, avant que le grand royaume de Lydie eût été vaincu, alors que les Arabes et les Indiens n'étaient pas encore subjugués, que la Perse jouissait de son indépendance et que sa voisine, la Médie, était au contraire en proie aux incursions des Scythes. Remarquons que les pivots de ces grands empires, qui se sont tant de fois entre-détruits et ont successivement hérité l'un de l'autre : Babylone aux jardins suspendus, Ninive aux mille tours, Bactres et Ecbatane aux sept murailles peintes, n'étaient guère sé-

parés que par la distance qui sépare Milan de Rome ou
Gênes de Pise. C'est à la fois l'indice manifeste de la civilisation ancienne de ces régions où, comme en un vaste
carrefour, sont venues se croiser, dans le premier épanouissement de leur sève, les branches multiples de tant
de races différentes, et la preuve irréfragable de l'exubérante vitalité de ces populations qui se condensaient dans
un aussi grand nombre de villes illustres, si rapprochées
entre elles et comparables aux foyers sociaux rayonnant
à la même heure en Égypte et, plus tard, en Grèce, en
Italie et, dans l'hémisphère occidental, aux pays d'Ana-
huac et de Guatemala. Aussi peut-on, de cela même,
inférer avec raison qu'une terre où abondait à ce point
la vie n'a pas dû être foulée par des invasions séculaires.
Elles y auraient sans doute étouffé tout progrès, ainsi
qu'on l'a vu par la suite sous ces mêmes latitudes, où les
Turcs et les Mongols ont laissé subsister les villages, mais
ont rasé les villes.

Par contre, les monuments écrits de l'Europe nous
fournissent les moyens d'examiner à notre aise les ressorts de l'empire médo-perse, qui se trouve mêlé aux
premiers faits historiques de notre continent et dont la
splendeur ne s'est guère prolongée au-delà de cent dix ans,
depuis les victoires de Cyrus en Lydie jusqu'à Darius II,
après les guerres médiques.

Deux siècles séparent Cyrus d'Alexandre, qui suivit à
rebours le chemin parcouru par son prédécesseur, sans
toutefois apporter avec lui les éléments qui assurent la

stabilité aux vastes dominations, du moins pour quelque temps.

L'Asie était toujours en pleine possession de sa haute civilisation. Que pouvait lui opposer la Grèce? L'activité ardente, la perfection de la forme, l'aptitude à la déduction, qui furent les traits distinctifs du génie des Grecs, pesaient bien peu en comparaison des trésors immenses de savoir qui s'étaient accumulés dans cette partie du monde. L'individualisme hellénique lui-même, quelle influence pouvait-il exercer sur sa forte organisation sociale? Aussi l'empire d'Alexandre ne dura que le court espace d'une jeune vie, à peine huit années, et, après avoir traversé de 'si larges zones de terre, cet éblouissant bolide alla s'éteindre dans une des antiques sources de la civilisation orientale, à Babylone. La prééminence de la nation grecque défaillit au pied du mont Taurus, et les Séleucides, successeurs du héros, ne tardèrent pas à se transfigurer en monarques de type asiatique.

Le même sort, à peu près, sera réservé à l'empire le plus dominateur, par sa vertu originelle, qui ait jamais existé — l'empire romain — quand il sera transporté sur les rives du Bosphore. La vigueur des institutions primordiales enracinées dans l'Asie était si profonde, que là seulement a cessé de se développer, dans la pureté de son essence, le germe de vie qui, partout ailleurs, transformait la société.

L'empire le plus étendu, avec celui que fondèrent plus tard les Arabes, et assurément le plus durable, a

été l'empire romain, qu'on ne saurait se rappeler sans se
sentir transporté d'admiration, tant la majesté qui l'envi-
ronnait a été haute, tant les monuments immortels qui
lui ont survécu sont nombreux! Et pourtant, sa domination, qui semblait en quelque sorte justifiée par le sentiment de justice qu'elle introduisit parmi les hommes et
par la paix qu'elle assurait aux peuples en leur donnant
une patrie commune, ne dura, dans tout son cours, depuis
l'ère de Jules César jusqu'au partage des deux empires,
que quatre cent quarante ans. On n'en compterait même
pas plus de deux cent dix, si l'on s'arrêtait à la fin de
l'époque des Antonins, après laquelle commence la phase
qu'on a appelée l'anarchie militaire; phase qui n'a été, au
fond, que la lutte pour la souveraineté du commandement
entre les diverses nationalités renaissant avec les chefs
des armées et les gouverneurs des provinces enclavées dans
leurs territoires. La société romaine, après Caracalla,
continue d'exister, mais le faisceau impérial est depuis
longtemps rompu.

Si le titre impliquait la chose, quel empire aurait eu
jamais une plus longue durée que celui qui, à travers
douze dynasties, passa d'Arcadius au dernier Paléologue,
réduit à l'obéissance d'une seule ville? Mais on peut dire
que l'empire d'Orient qui, sous les Justiniens, eut une
période de développement digne d'être comparée aux plus
glorieuses qu'ait vues se dérouler le Tibre, est démantelé
déjà, dès le commencement du septième siècle, par les
Arabes au couchant et les Slaves au levant; de façon que,

de l'an 395 à l'an 633, son existence se réduit à deux cent trente-huit années.

Les Goths, qui, dans la nuit descendue tout à coup sur l'Occident, furent pareils aux courtes lueurs du crépuscule, réfléchirent un instant l'image césarienne, et Théodoric aurait pu revendiquer à bon droit le titre éphémère porté par Honorius et ses successeurs. S'étendant, depuis la rive droite du Danube jusqu'au fond de l'Espagne, en un immense hémicycle, ils purent concentrer leurs forces dans cette péninsule extrême en vue d'un futur et glorieux empire; mais les autres membres du grand corps se dispersèrent, après trente-trois ans, à la mort du barbare revêtu de la toge qui fut leur chef.

Le peuple arabe, l'une des plus éclatantes manifestations de la vitalité asiatique, fonda en peu d'années une société nouvelle au cœur de l'Asie, dans l'Afrique septentrionale et dans une partie de l'Europe. Mais quatre siècles s'étaient à peine écoulés que déjà partout les dominateurs étaient remplacés par les Maures, les Turcs et les Mongols. Avant de se briser en trois califats, l'unité de cet empire, auquel on ne peut égaler que l'empire romain pour le nombre des populations soumises comme pour la grandeur indestructible des institutions créées, n'avait duré que cent soixante-huit ans.

Charlemagne reprit avec ses Francs l'œuvre des Goths, à trois siècles d'intervalle, et les résultats immédiats en furent à peu près identiques. Deux tiers de l'Europe ne restèrent réunis sous le même sceptre que l'espace de

quarante-trois années. Quoiqu'elle n'ait pas réussi, on doit
reconnaître dans la monarchie carlovingienne la première tentative de fusion des deux types, auxquels peuvent
se rapporter tous les empires, qu'ils émanent d'une supériorité acceptée ou de la force subie, à savoir, l'empire
de César et l'empire de Cyrus. Charlemagne ne traita pas
les Saxons et les Longobards comme les Goths avaient fait
l'Italie ou les Romains la Grèce et les villes italiennes
après la guerre sociale, mais, peu s'en faut, comme Cam-
byse avait traité l'Égypte et Omar la Syrie et l'Afrique.

En Asie, les conquêtes démesurées propres à ces régions continuent. Dans l'espace de quatre siècles, rava-
geant tout sur leur passage, de même qu'autrefois les
Huns d'Attila et les Avares, quatre torrents se précipitèrent des versants opposés de l'Altaï, les deux Mongols
et les deux Turcs qui, en s'entrecroisant, s'entrebarrèrent
réciproquement. Les conquêtes de Gengis-khan finissent
par se borner à la Chine et ne durent que vingt années;
trente-quatre ans suffisent pour dissoudre l'empire de
Tamerlan, dont les successeurs se renferment dans la
Mongolie de l'Inde; les Turcs Seldjoucides se frac-
tionnent déjà au bout d'un demi-siècle; les Ottomans
enfin, plus tenaces, se maintiennent cent dix-huit ans à
l'apogée de leur puissance; et, s'ils ne pénètrent pas plus
avant en Europe, on le doit à la persévérance de Venise,
qui fut longtemps le pivot de la jeune politique d'Occident, et à la vaillance de la Pologne et de la Hongrie, qui
en furent les sentinelles avancées.

En Europe, au contraire, les grandes monarchies deviennent moins fréquentes et, si elles apparaissent, sont plus fugitives. Othon Ier et Henri III essayent de relever le trône de Charlemagne, mais les deux empires germaniques, dont la réunion dure trente années, se brisent contre l'Italie devenue, encore une fois, le centre de gravité de notre continent.

Fruit clandestin de combinaisons d'héritages, l'empire d'Espagne, cette anomalie parmi les anomalies, se ménageant une issue à travers les révolutions religieuses, reproduisit dans le nouveau monde le type de la monarchie asiatique, tandis qu'il ouvrait en Europe la voie aux gouvernements absolus. Il ne vécut, dans la plénitude de ses forces, que seulement trente-six ans.

En dernier lieu, Napoléon, en qui l'on doit considérer surtout l'émissaire de la révolution sociale accomplie par la France vers la fin du siècle passé, réunit sous sa main — dont l'impulsion fut encore plus législative que militaire — les peuples des deux races latine et germaine ; mais l'Europe, qui devait suivre et suivit en effet cette puissante initiative, ne pouvait plus désormais souffrir longtemps aucun genre de servitude, et la suprématie française, qui fut en vérité un empire de César, ne dépassa pas treize ans.

Enfin, dans l'extrême Orient, au milieu d'une société aux bases toutes différentes et que ni les révolutions intérieures ni les invasions n'ont changée depuis quarante siècles qu'elle possède une histoire écrite, des races d'envahisseurs ont fondé deux empires où s'est rassemblée une prodigieuse multitude d'hommes. Le premier, créé par les Mongols au treizième siècle, a duré cent ans ; l'autre par les Mantchoux, d'une masse encore plus énorme, existe toujours, bien que formé depuis deux cent vingt-neuf années.

Ainsi donc, en vingt-sept siècles, les années de durée des grands empires, additionnées ensemble, ne se montent guère qu'à quatorze cents.

CHAPITRE II.

RÉPULSION DE LA SOCIÉTÉ HUMAINE
POUR LES GRANDS EMPIRES.

Quoique séparées par de longs intervalles, ces larges
traces de pourpre que forme la réunion des peuples, semblables aux myriades de zoophytes qui teignent de leur
couleur une nappe d'eau, n'ont cessé de sillonner la terre.
Il n'y a presque pas une seule branche des races dont
l'univers est peuplé qui n'ait pu un instant se croire
investie de la mission de commander à toutes les autres.
Le Destin, le secret du Ciel, la volonté d'en haut, la colère
divine, l'heure marquée pour la régénération humaine,
toutes ces formules, auxquelles le succès seul prête un
sens, ont retenti, avec l'éclat du tonnerre, dans des langues diverses, forçant à se courber les multitudes épou-
vantées ou résignées.

Des dominations, caractérisées celles-ci par la force
brutale qui opprime, celles-là par la force morale qui per-
suade, se sont élevées successivement sur tous les points
du globe; mais c'est plus particulièrement de l'Asie que
s'avançait, à travers les épées, l'édifice social construit de

toutes pièces. Croyances, lois, établissements publics, tout changeait au passage des invasions. Où était la tente du général, là aussi étaient l'autel et le trône, l'initiation aux choses du ciel et la possession de la terre, la parole et le pain. Dans l'Occident, on établit le plus souvent pour base commune une pierre solide, où chaque nation eut le droit d'apporter son foyer paternel, ses dieux natifs et ses institutions familières. L'état formé par la conquête était moins un édifice fermé qu'un vaste champ ouvert, où, sans jalousie pour le pays vaincu, on exposait comme un modèle plutôt qu'on n'imposait les lois du pays victorieux. Des réformes, peut-être invoquées, des nouveautés attrayantes engagèrent partout les peuples à se ranger sous une même souveraineté. On offrait, du reste, pour cimenter ces ruches immenses, la compensation la plus précieuse : le repos qu'assure l'éloignement des ennemis dans la soumission générale.

Quelle prestigieuse idée ne devait-on pas se faire de la puissance irrésistible du conquérant et de la prospérité qui semblait rayonner de lui et se répandre au loin comme la lumière du soleil, lorsque Alexandre apparaissait plus grand qu'un homme à Babylone, ou Haroun-al-Raschid à Bagdad environné de sept séries d'esclaves emmenés des sept régions de son empire, ou Gengis-khan à Tonka recevant la visite de cinq cents ambassadeurs, ou Napoléon à Dresde au milieu d'une cour de rois? Et le préteur romain? et les *missi dominici* de Charlemagne qui rendaient présente, jusque dans les provinces les plus éloignées, la puissance souveraine, et qui, pareils à des oracles vivants, dissipaient par leurs réponses les obscurités, apaisaient les discordes, mettaient fin aux compétitions entre les classes sociales, aux différends entre les nationalités ?

Cependant, malgré tout leur prestige, il n'en est pas moins constant que ces vastes agglomérations ne s'étendaient si loin que pour se heurter à des bornes infranchissables, et, à peine étaient-elles formées, que déjà elles commençaient à se désagréger.

En effet, les quatorze cents ans de durée en vingt-sept siècles des divers empires que nous venons de passer en revue, quelles proportions représentent-ils à l'égard de la population totale de la terre ? En prenant la moyenne de 200 millions d'habitants par empire (car on en compte à peine 300 dans le plus étendu) et en évaluant la moyenne de la population du globe (dont l'évaluation varie de 600 millions à 1 milliard), en l'évaluant, dis-je, à 800 millions, la durée des empires se réduit à la huitième partie de la vie universelle. Les grandes agglomérations sont donc au genre humain comme un est à huit. En d'autres termes, il se serait produit des tentatives de fusion humaine pendant douze ou treize ans par siècle, tandis que la réaction contre ces efforts se serait prolongée durant quatre-vingt-sept ou quatre-vingt-huit ans.

Qu'on augmente ou qu'on diminue ces moyennes, qu'on s'attache de préférence à des chiffres plus élevés ou plus bas, la différence des proportions n'en restera pas moins toujours énorme ; il en résultera toujours, avec une

égale évidence, le fait de la répulsion du genre humain
à se laisser tasser par grandes masses.

Qu'on ajoute, si l'on veut, aux grands empires légen-
daires les empires moins considérables, tels que ceux de
Zénobie dans la Syrie, des Séleucides, du Grand-Mogol,
du Grand-Khanat, des Sophis, des Gaznévides, de chacun
des trois califats, des Toltèques dans l'hémisphère occidental et de l'Empire britannique dans les Indes, ils ne
formeront tous ensemble, dans la vaste plaine de l'humanité, que quelques rares monticules, pareils à ces mon-
ceaux de sable sur les plages de la mer, que la mobilité
des vents tantôt soulève et tantôt aplanit.

CHAPITRE III.

DES DEUX EMPIRES EXTRAORDINAIRES
DE ROME ET DE LA CHINE.

Deux sociétés, parmi toutes les autres, se sont perpétuées dans leur splendeur à travers les âges jusqu'à
nos jours : la société romaine ouverte à toutes les innovations, qui sans cesse la transforment et l'élargissent par le
travail accumulé du temps et par le contingent des éléments nouveaux qu'il apporte ; et la société chinoise qui,
depuis son origine, demeure à peu près immuable, telle
qu'une masse granitique jaillie des entrailles de la terre
pendant ses premières convulsions.

L'une déborde, dans son expansion sans cesse croissante, vers le pôle, vers l'équateur, par-delà les mers ;
l'autre reste confinée pour ainsi dire dans une vallée,
démesurée, il est vrai, et cachée au reste du monde par
les hauteurs de l'Himalaya, par un désert immense et un
océan qui inspira longtemps une terreur sacrée aux navigateurs.

La base sur laquelle repose la première, c'est la *cité*,
qu'elle n'était parvenue à fonder que par le progrès lent de

la vie en commun ; tandis que la seconde s'appuie sur les assises primitives de la *famille :* ce qui suffirait pour nous en faire reconnaître l'antériorité, quand même son origine primordiale ne nous serait pas révélée par sa langue et son genre d'écriture. A Rome, le lien (et l'État n'est pas autre chose), large et flexible, n'intercepte nulle part l'exubérance vitale : il ne peut être arraché ou rompu par aucune commotion ; dans la Chine, au contraire, il est tellement resserré, que seuls les mouvements symétriques peuvent se produire, tellement tendu et pour ainsi dire enroulé autour d'une spirale qu'à la première détente il se briserait en éclats.

Il est à remarquer que, comme en prévision de la destinée merveilleuse assignée à l'une et à l'autre de ces contrées, leurs centres se trouvent situés sous le même degré de latitude et sur une ligne qui semble les relier mystérieusement à travers le globe. Phares des temps qui ne sont plus et des temps qui durent encore, à l'orient s'élève Pékin, dépositaire paisible de la civilisation première ; au couchant, Rome, guide inséparable du genre humain dans la voie laborieuse du progrès, où il marche depuis plus de deux mille ans. Car la période des temps qu'on appelle « barbares » ne peut être considérée que comme une large interruption du grand cycle social, dont notre siècle ne fait pas moins partie que ceux des législateurs Numa et Hadrien. De même, l'âge de Confucius se rattache à l'âge lointain qui vit paraître les *Kings,* ces saintes Écritures de la Chine, dont le célèbre réformateur du cinquième siècle avant Jésus-Christ se fit l'apôtre et le nouveau commentateur, après une longue et profonde anarchie, assez semblable, croyons-nous, à la nuit qui enveloppa l'Europe dix siècles plus tard, et sur laquelle pareillement recommencèrent à répandre un peu de lumière les livres retrouvés ou relus du Droit romain.

J'aurai plus d'une occasion de revenir sur les dissemblances de ces deux sociétés, ainsi que sur quelques points de contact entre elles; mais il importe de déterminer ici la cause de la durée extraordinaire des deux empires, qui en ont pris le nom : cause également évidente chez tous les deux et identique.

A la différence de Rome, qui étendit sa puissance par les armes, la Chine vainquit ses vainqueurs par la civilisation et devint, en quelque sorte malgré elle, la mère d'un empire. Envahie en effet par les Tartares, les dynasties de ceux-ci triomphèrent en son nom. Ce n'est pas l'antique Thsin, longtemps confinée en-deçà du fleuve Kiang, ou bien partagée en deux, en trois royaumes, et même davantage, qui a fondé l'immense empire, dont la Mantchourie, la Mongolie, le Thibet, la Boukharie et les pays tributaires du Sud font partie : ce sont ses propres conquérants, d'abord les Mongols, ensuite les Mantchoux. Ceux-ci, comme la plupart du temps les Romains, ne prétendirent pas refaire à leur image les nations soumises : ils ne leur imposèrent ni de nouvelles institutions, ni un nouveau culte, ni d'autres mœurs; ils se contentèrent de fixer de nouvelles limites au pays vaincu, et de lui donner, en l'élargissant, de nouveaux empereurs. La tendance de la dynastie actuelle à concentrer dans les provinces, au moyen d'agents directs, toutes les branches de l'administration, ne date pas de loin; et peut-être est-ce dans cette tentative d'innovation aux usages séculaires du pays qu'on découvrirait une des causes de la révolte nationale qui, depuis longtemps déjà, mine profondément l'unité de l'Empire. Il ne faudrait même pas s'étonner si elle finissait par renverser le trône des Mantchoux : les Mongols autrefois ne furent-ils pas détrônés pour des raisons analogues?

Jusqu'à présent, le même génie pratique avait présidé au gouvernement des peuples aussi bien à Rome qu'en Chine : là le Panthéon résumait le respect des franchises des nations dans la première et la plus haute de toutes les libertés; ici le syncrétisme est également inscrit en tête des lois de l'État : chez toutes les deux, la base commune a donc été l'absolue liberté des croyances religieuses.

Concluons que ces monstruosités de la société humaine qu'on appelle les grands empires ne sont encore possibles, pour un assez long temps, qu'à la condition de laisser à chacune des parties assimilées l'existence qui lui est propre et que les traditions et les habitudes natives lui rendent chère et nécessaire.

LIVRE II

CAUSES DE LA GRANDEUR ET DE LA DÉCADENCE
DES NATIONS ANCIENNES

CHAPITRE I.

DE L'ÉGYPTE.

L'Égypte, qu'elle ait d'abord été conquise et policée
par les Éthiopiens, les Nubiens ou même les Indo-Asia-
tiques, se trouve divisée en nomes ou États indépendants
jusqu'à l'époque où les peuplades, connues sous le nom
de « Pasteurs », furent expulsées de Memphis et du
Delta.

Par suite de la nouveauté des recherches sur une aussi
haute antiquité et en l'absence de données positives, nous
sommes obligés d'y appliquer un critérium conjectural
tiré des traits les plus caractéristiques de ces peuples et
de leurs évolutions principales, sur lesquelles il n'existe
plus d'incertitude. Or, les notions que nous fournissent
les listes chronologiques de Manéthon et les découvertes
qui se poursuivent de nos jours prouvent surabondam-
ment qu'avant la monarchie unique, existaient déjà,
indépendants ou confédérés entre eux, Thèbes, Tanis,
Éléphantine, Tys, Memphis, Mendès, Xoïs, Héliopolis
et d'autres États encore, sans y joindre ceux qui se
fondèrent peut-être à une époque postérieure, comme

Bubaste, ou qui étaient encore au pouvoir des étrangers, comme Avaris et Péluse.

Quelle autre induction, en effet, pourrait-on tirer de l'existence des dix-sept dynasties, de Ménès à Mœris, si ce n'est que ces dynasties régnaient simultanément? Les différentes dénominations empruntées aux États d'où elles sortaient ne laissent aucun doute à cet égard. Si l'on n'adopte pas cette explication, les trois cent trente-trois rois que l'on y compte en huit cents ans n'auraient donc régné chacun que deux ans et demi. On peut appliquer le même calcul aux cent quarante rois qui se succèdent depuis Sésostris jusqu'à la nouvelle domination des Éthiopiens. Le lac Mœris était déjà agrandi, les travaux prodigieux du Nil achevés, les palais de Louqsor, les temples de Karnac, les colosses de Kuna élevés, ainsi que les pyramides de Dahschour et de Sakkarah, les arts, l'industrie et le commerce portés à un degré de perfection auquel il a été donné à peu de peuples d'atteindre, l'indépendance nationale conquise et affermie, les Éthiopiens refoulés au sud et les Pélasges ou Arabes dans les basses régions. Cependant, le grand Rhamsès ou Sésostris, c'est-à-dire la monarchie unique et conquérante, n'avait pas encore paru.

A Abydos, que Strabon appelle la seconde ville de la Thébaïde, parmi les ruines des temples et des palais — le palais de Memnon ou le temple d'Osiris qui sont aujourd'hui l'une des merveilles de l'Égypte — Mariette-Bey, outre les tables chronologiques qui serviront à refaire pro-

bablement l'histoire de cette contrée, en a découvert une
où Ménephtha, père de Rhamsès II (que celui-ci soit ou
non le grand Sésostris), est représenté faisant une offrande
à soixante-seize rois et à cent trente nomes. Ces derniers
sont personnifiés, dans les caractères graphiques, par des
figures pareilles à celles des rois. Un rapport d'égalité les
relie : rois et cités sont placés au même rang. Un tel hommage rendu par un pharaon aux villes ou États, qu'est-ce
autre chose que la reconnaissance de leur souveraineté,
ou, tout au moins, d'une condition autonomique qui s'en
rapproche?

Hérodote nomme six villes, Bubaste, Busiris, Saïs, Héliopolis, Buto et Paprémis, où se célébraient périodiquement les grandes fêtes nationales, auxquelles on accourait
de toutes les parties de l'Égypte. Nous voyons le même
fait se reproduire aujourd'hui en Suisse, comme il se re-
produisait autrefois en Grèce et dans l'ancienne Italie ;
mais l'a-t-on jamais vu dans les pays submergés par les
grands empires? La religion elle-même, qui a été partout le
lien national et j'allais presque dire le drapeau, pour lequel
les peuples se sont crus obligés à combattre, admettait
des différences de culte entre les nomes qu'elles servaient
à distinguer. Chacun avait son animal sacré. Le croco-
dile, qu'on mangeait à Thèbes, était vénéré à Éléphantine ;
l'hippopotame avait un autel à Paprémis, tandis que
partout ailleurs il inspirait l'horreur et le dégoût.

La pluralité des États appartint d'une manière si particulière à l'Égypte que leur nombre et leur groupement va-

rient selon les époques et les régions. La table d'Abydos en compte cent trente, la légende de Sésostris en cite trente-six ; au dire d'Hérodote, ils n'étaient que douze, portés dans la suite par les Grecs à quarante ou à vingt-sept, suivant ce que raconte Strabon. Ils se rassemblent par régions, qui prennent leur dénomination de leur situation par rapport au Delta, ou par rapport à la haute, basse ou moyenne Égypte, et forment des groupes tantôt de sept, tantôt de six, tantôt de dix ou de cinq, soit séparés, soit réunis, mais toujours distincts l'un de l'autre.

Il n'en pouvait être différemment sur une terre qui naissait par miracle de son fleuve et qui, née à peine, s'étendait déjà riche et florissante, comme une table dressée sous les yeux avides des races d'alentour, noires, rouges ou blanches, car l'on retrouve en Égypte, gravés sur les monuments, tous les types humains.

Dans un tel pays, et avec de pareils précédents, la monarchie unique, personnifiée en Sésostris, ne pouvait avoir le caractère absolu et absorbant que d'ordinaire on attribue aux grandes monarchies. Quoi qu'il en soit, elle puisa ses forces dans la diversité d'impulsions qui lui avait donné naissance et dans la multiplicité des cen-tres sur lesquels elle reposait. C'est dans cette double source qu'elle dut se retremper de nouveau, après les invasions réitérées au sud et au nord, que provoquèrent ses conquêtes, et après l'anarchie dont nous parlent les historiens grecs, c'est-à-dire l'insurrection générale contre les excès du monarque : excès dont témoigne la légende du labyrinthe, que celui-ci ait été le séjour des douze chefs des provinces ou bien le siège de la diète égyptienne.

Une seconde fois, la grande monarchie brilla de sa splendeur fatale sur le trône de Néchaô, et une seconde fois elle s'éteignit dans les misères de la nation, en s'attirant la haine des peuples voisins, la guerre des Cyrénéens, entre autres, et enfin la dure conquête des Perses.

A ceux-ci succédèrent les Grecs, les Romains, les Arabes, les Turcs, et l'Égypte perdit pour toujours son indépendance pour avoir perdu le secret de sa force, qui résidait dans la multiplicité des foyers de puissance initiatrice.

CHAPITRE II.

Les premières origines des peuples d'où est sortie la monarchie médo-perse n'ont pas dû être bien différentes de celles de l'Égypte. Seulement, nous découvrons ici, pour la première fois, l'élément féodal, produit moitié par les conquêtes plus fréquentes, moitié par la révolution plus radicale contre les prêtres, dont la suprématie passa immédiatement aux chefs des tribus. Cela est attesté par la magophonie, ou fête commémorative du grand changement des institutions sociales, que les Satrapes ont eu intérêt à perpétuer comme le titre originel du pouvoir conféré à leur caste.

La Perse, au dire de tous les historiens, n'était qu'un petit pays voisin de la Médie. On la reconnaît aujourd'hui dans la Mingrélie et la Gourie, où l'on compte à peine cinquante mille habitants. Du reste, ni la Chaldée, ni l'Assyrie, ni la Susiane et les autres contrées limitrophes des deux premières ne la dépassaient en extension de territoire. Or, elles se faisaient toutes la guerre entre elles, formant les unes avec les autres des ligues en sens divers, et se partageant en royaumes différents après chaque paix ou trêve, après chaque victoire. Ni la magnificence des richesses, ni la gloire des arts ne manquaient à aucune d'elles. Le luxe des cours de Sardanapale et d'Astyage est resté légendaire, et l'admiration qu'excitaient leurs capitales s'est perpétuée dans la mémoire des hommes. De même que Ninive avait succombé sous la ligue des Mèdes avec les Babyloniens, de même Babylone fut vaincue par la fédération des Mèdes avec les Perses, d'où est sortie plus tard la grande monarchie.

L'empire de Cyrus, qui devait devenir le type des monarchies les plus centralisées, commença par être et fut longtemps une réunion de peuples distincts. L'inscription du bas-relief de Bisoutoun, commentée par Rawlinson, décerne à Darius le titre de *roi des rois*, dont le sens, en écriture cunéiforme, est littéral et non pas amplificatif. Comment concilier, en effet, le caractère absolu de la monarchie avec la nomination élective du monarque, telle qu'on la trouve pratiquée dans l'histoire des Perses et des Mèdes? Darius, en Perse, ne fut-il pas élu concurremment avec les principaux barons de l'empire? Et ce n'est pas autrement que se firent dans la Médie l'élection du roi Déjocès et celle d'Arbacès, son prédécesseur, à qui les écrivains grecs ont reproché à tort de n'avoir pas institué un gouvernement stable, car ce gouvernement existait déjà, fondé sur les bases de la féodalité. La tiare ou couronne, pareille à celle qu'il portait, dont le fils d'Hystaspe permit à sept princes, ses concurrents ou ses électeurs, de ceindre leur tête, n'est-elle pas une preuve des droits royaux qu'il reconnaissait en eux ?

Parvenu à l'apogée de sa puissance, l'empire des Perses laissait encore une large liberté aux nations conquises sous le gouvernement de ses lieutenants, ainsi qu'on l'observe chez les peuples de l'Asie Mineure qui, gouvernés par le Cyrus de Xénophon, conservèrent leurs lois et leurs mœurs anciennes. Au contraire, les provinces plus proches du trône, lequel, depuis Darius, s'élevait toujours plus haut sur les ruines des institutions nationales, furent façonnées à un joug uniforme. De sorte que la Mésopotamie, l'une des plus abondantes sources de civilisation, se changea d'abord en un champ propre seulement aux triomphes des nouveaux dominateurs venant de la Grèce ou de l'Arabie et, bientôt après, en un désert aisément franchi par les Turcs.

CHAPITRE III.

Depuis les trois provinces, dans lesquelles, primitive-
ment, elle semble avoir été circonscrite — Ho-nan, Chan-
si, Chen-si — jusqu'à l'étendue immense que la Chine
occupe de nos jours, les dimensions de son territoire ont
varié à l'infini. Même dans les temps les plus reculés, nous
la voyons tantôt se prolonger vers le sud, le nord et l'ouest,
tantôt se resserrer dans les provinces centrales. Tandis
qu'elle atteint avec effort le fleuve Kiang, elle s'étend avec
une facilité merveilleuse, sous les dynasties des Han,
au Tong-king et dans la Cochinchine, jusqu'au Cambodge,
ou bien elle envahit, sous la dynastie des Tang, la
Transoxiane et une partie de la Perse. Nous la voyons,
à plusieurs reprises, tantôt en possession des Chinois,
tantôt partiellement annexée à d'autres nations. Les États
de Liao et de Kin furent fondés dans ce pays par les Tartares orientaux et le royaume de Tangout par les Thibé-
tains, pendant que les provinces septentrionales en
étaient détachées par les tribus turques, comme d'autres
provinces le furent par d'autres tribus tartares, sans

parler des conquêtes grandioses faites par ces peuples au douzième et au seizième siècle.

La durée des temps en Chine, en rapport avec celle de son existence, fit que chaque période de si nombreux événements embrassa des centaines d'années, et nous trouvons naturel que le temps y ait été mesuré par cycles de soixante ans, qui sont les plus longs cycles du monde.

La rareté des renseignements historiques, jointe à la confusion qui règne dans les annales chinoises, ne permet pas même d'effleurer l'époque qui précéda la dynastie des Tchéou-han, dont l'avènement remonte au dixième siècle avant notre ère. Et c'est un grand malheur, car on y aurait peut-être surpris la transmission d'une civilisation déjà mûre, provenant de peuples restés inconnus. Mais, cette époque passée, l'histoire fournit largement les moyens de suivre, en leurs grandes lignes, les développements et les vicissitudes de cette nation qui, trois fois, dans son originalité et son indépendance, remonte au sommet de la grandeur avec les Han, les Tang et les Ming, et qui, trois fois, s'arrête comme privée de la vie intérieure et progressive, ne gardant que la forme et la lettre des institutions dont elle avait reçu son impulsion initiale.

Quel qu'ait été le cataclysme d'où sortait la Chine, vers le dixième siècle, cataclysme causé peut-être par des usurpations sacerdotales, par la réaction de l'élément laïque, ou par des invasions plus compactes encore que celles qui suivirent, ou même par toutes ces révolutions simul-

tanément ou successivement accomplies, la régénération
nationale recommence, sans aucun doute, avec les Tchéou-
kue, c'est-à-dire avec les *rois combattants*. La guerre,
en effet, est alors partout, à l'intérieur comme à l'extérieur, et, grâce à elle, les éléments hétérogènes sont ex-
pulsés, les germes de vie indigènes reconquis.

C'est dans le milieu de cette période qu'apparaît Confucius, non pas novateur, mais restaurateur des institutions
antiques, des dieux du passé, des usages suivis autrefois, des
rites consacrés. Aucun signe surnaturel n'entoure d'un
faux prestige cette grande figure : au milieu des honneurs
que lui prodiguent ses contemporains et de la vénération
de la postérité, ce sage reste un homme. Il ne révèle aucune divinité, il ne promulgue aucune législation nouvelle,
mais il reproduit, il commente, il vulgarise et remet en
faveur la sagesse des aïeux, le code universel des âges
primitifs, les livres *Kings*, dont les jésuites eux-mêmes,
entre autres le père Amiot, font remonter l'apparition à
une date postérieure à peine au déluge.

La Chine, au sortir de nouveaux cataclysmes, s'est plus
d'une fois retrempée dans l'œuvre de Confucius : œuvre
qui, en devenant l'un des instruments les plus efficaces
dont se soient servis les conquérants pour l'immobiliser,
comme dans la limite inviolable d'un cercle sacré, fut
la seule cause de la survivance de la civilisation antique.
Quand le bouddhisme, déjà enfanté par les doctrines
de Brahma, pénétra en Chine cinquante ans plus tard
(l'an 64 de notre ère, suivant J. Schlegel), l'idolâtrie

envahit les classes populaires, se glissa même dans le palais des empereurs tartares, mais le gouvernement de l'État n'en fut pas atteint, et les anciennes maximes de morale, traduites en rites religieux, demeurèrent le fondement de la société. L'éducation morale, selon le mémoire de M. Bazin sur les écoles chinoises, y est mise au-dessus de l'instruction; et cependant l'instruction, dans ce pays, ouvre seule les portes qui donnent accès à toutes les fonctions de l'État!

Dans la Chine relativement peu étendue de cette époque, on ne trouve pas moins de vingt et un États distincts, quoique réunis en un seul corps de nation, dont dix-neuf portent le titre de royaume dans le Tong-Kien Kang-Mou. Un de ces derniers, nommé Lou, fut la patrie de Confucius, qui en écrivit l'histoire après en avoir été le ministre. La patrie du philosophe Lao-tseu, presque le contemporain et le rival en savoir et en gloire de Confucius, fut le royaume de Thsou, qui n'était qu'une fraction de la province actuelle de Hou-Kiang.

La Chine possédait un plus grand nombre de villes que l'Inde. La ville ne constituait cependant pas la base sociale de la Chine, non plus, du reste, que la tribu ou la province : cette base était formée par une division plus ample du territoire, dont les chefs recevaient l'investiture des mains de l'empereur. « La première des vocations, disait Confucius, c'est la naissance, et le premier des devoirs, après la famille, c'est la patrie. » Pour cette raison, le grand homme déclina toutes les invitations que lui adressaient les États voisins à entreprendre leur réforme. « Je dois faire le bien là où le ciel m'a fait naître, » répondait-il. Le « ciel vivant » signifiait, dans la bouche de Confucius, le commencement et la fin de toute chose. Si, plus tard, il parcourut la Chine, qu'il considérait comme le seul pays civilisé du monde, il le fit dans le but d'établir qu'au-dessus de la patrie du citoyen il y a la patrie sans frontières de l'humanité.

L'élément constitutif de cette patrie si vaste n'était pas plus l'individu que la ville ou la province n'étaient celui de l'État : ce qui la constituait, c'est la famille, la famille qui, comme un être moral, se perpétue en remontant des descendants aux premiers ancêtres. De chaque article du Code chinois, traduit par G.-F. Stanton, il résulte que l'autorité paternelle est le principe fondamental de cette société ; mais, en revanche, le respect de la liberté individuelle y est négligé complètement. L'atrocité et la multiplicité des peines suffiraient à elles seules, au défaut d'autres preuves, pour démontrer le peu de prix que l'on y attache à la personne humaine. A Canton, dans l'espace d'une seule année, il y eut douze cents décapitations, si bien qu'un gouverneur trouva plus expéditif de faire noyer les condamnés. La loi ordonne que le rebelle soit coupé « en dix mille morceaux ». Le malfaiteur et le prisonnier deviennent, ainsi que leurs enfants, les esclaves de l'État ; mais seulement, dit Biot, jusqu'à l'âge de soixante ans. Car l'État environne de soins et d'honneurs la vieil-

lesse, qui représente la famille, au point de concourir à
l'entretien du vieillard, s'il tombe dans la misère. Il l'au-
torise même à vendre, pour subsister, ses propres enfants : prérogative énorme, qui montre à la fois la toute-
puissance du père de famille et le néant de l'individu.

Or, la législation, dont le but principal est la perpé-
tuation de la famille, a pourvu aux moyens de la garantir
par la conservation de la propriété, qui, selon M. Fortin
d'Urban, est incomparablement plus divisée dans ce pays
que dans tous les autres. Cette prévoyance de la loi va jusqu'à empêcher la vente des biens du failli. Le débiteur,
à la vérité, peut être battu de verges ; mais il ne peut
légalement être dépouillé de ce qu'il possède.

Non seulement la vitalité des membres actuels de la
famille remonte et se concentre dans son chef, mais l'activité des générations successives reflue vers l'ancêtre,
et à lui seul aboutissent le bon renom ou la honte, le
mérite ou l'indignité de ses descendants. Les différents
degrés d'instruction distinguent les classes parmi les vivants ; mais la noblesse réside dans la souche ancienne
de la famille, qui, seule, recueille les honneurs acquis
par sa postérité. C'est de cet amas d'actions et d'œuvres, formé par une suite non interrompue de générations, que naît l'Être social qui tient tête à la puissance
de l'État et duquel émane le droit.

Procédant à l'inverse de l'autonomie féodale, qui, issue
de droits personnels, de distinctions et de divisions,
se fonde sur la force matérielle, l'organisation chinoise

place la société dans un ordre moral contre lequel la violence et l'innovation sont impuissantes. Quelle prise aurait le souverain, que Confucius appelle le « père et la mère de l'État », sur des êtres dont l'autorité est devenue irrésistible et divine, pour exprimer la volonté de tous ceux qui ont été et l'intérêt de ceux qui vivent?

Par ces moyens, la Chine réussit à s'émanciper des Mongols, contre qui fut dressée sa fameuse muraille, à développer son génie original dans la philosophie, les lettres, les arts, et à s'acheminer vers l'une des époques les plus mémorables de sa grandeur, celle qui porte le nom de la dynastie des Han. Mais le pouvoir des Han ne tarda pas à dégénérer en tyrannie, pendant que, grâce à eux, l'empire s'élargissait et s'étendait au couchant. Les fruits d'une pareille politique ne se firent pas longtemps attendre. Les rébellions des Hoang-king et des conspirations de palais amenèrent la dissolution de l'Empire, qui se partagea en trois royaumes, les grands feudataires, comme celui de Wei-Thsin, s'étant proclamés souverains. Plus tard, en l'an 420 de notre ère, les divisions s'étaient encore multipliées, et la Chine septentrionale formait, à elle seule, six royaumes distincts, qui donnèrent naissance aux deux empires du Wei occidental et du Wei oriental, division connue sous le nom de Nan-petchao.

Ainsi, puisant encore une fois dans les sources d'où elles avaient jailli, les forces de la Chine se renouvelèrent et produisirent l'ère des Tang, renommée pour toutes sortes de progrès. Parmi les empereurs de cette dynastie, nous citerons le célèbre Hiouen-Tsong, qui honora publiquement toutes les religions chinoises et étrangères. Mais ces forces s'épuisèrent encore une fois pour avoir été de nouveau comprimées par le despotisme et la conquête.

Après trois siècles de prospérité et de grandeur, tous les maux qui peuvent affliger une nation retombèrent sur la Chine et, dans le nombre, le pire de tous, l'invasion. Si l'on excepte l'intervalle d'indépendance nationale que ramena la dynastie des Ming, la Chine, à partir du neuvième siècle, n'a pas cessé d'appartenir aux Tartares, aux Mongols, aux Mantchoux, ne conservant que ses anciennes institutions qui, toutes vides qu'elles sont de l'esprit qui les vivifiait, l'ont néanmoins préservée de la dissolution à laquelle la condamnait une aussi longue servitude.

CHAPITRE IV.

On ne sait des Phéniciens que deux choses, mais positives, évidentes et constantes : leur immense prospérité et l'indépendance réciproque de leurs villes — Sidon, Tyr, Béryte, Byblos, Thasos, Acco — aussi bien que des colonies dont ils entouraient la Méditerranée, comme si elle eût été leur propriété exclusive — Carthage, Hippone, Utique, Gadès, Panorme, Lilybée, et d'autres encore. Une métropole, Sidon d'abord, Tyr ensuite, les réunissait dans l'intérêt commun, mais chaque ville ou colonie se gouvernait elle-même, entreprenait pour son compte des expéditions hardies et lointaines en Asie, le long des côtes de l'Afrique et jusque dans la Baltique, nouait, au gré des événements, des alliances non seulement avec ses nationaux, mais aussi avec des étrangers. La religion, ainsi que les autres institutions politiques et sociales, différait d'une cité à l'autre, comme en Égypte. Outre le dieu Baal, qui leur était commun à toutes, chaque ville phénicienne avait son dieu particulier, comme au moyen âge chaque ville italienne avait son saint patron. Tyr vénérait Melkarth et Byblos Adonis.

La Phénicie développa dans la Syrie son admirable civilisation et accrut sa puissance au milieu des grandes nations qui la pressaient de tous côtés, l'Assyrie et l'Égypte, la Lydie et la Perse. Si Nabuchodonosor la combattit, elle fut l'alliée de Cyrus; en guerre avec le pharaon Psammétique, elle entreprit, de concert avec le pharaon Néchaô, la plus mémorable des navigations, le périple de l'Afrique. Les sièges que soutinrent ses villes sont les plus longs des sièges, si longs déjà, de l'antiquité. Celui d'Azoth contre les Égyptiens dura vingt-neuf ans, et treize celui de Tyr contre les Assyriens. Tyr, qui s'était deux fois relevée de ses ruines lorsqu'elle succomba sous les coups d'Alexandre et devint le point d'appui de ses conquêtes en Asie, coûta sept mois d'efforts au héros grec, à qui il fallut moins de temps pour défaire deux armées perses et s'emparer de l'Asie Mineure.

La vitalité de la Phénicie, subjuguée par la Grèce en Syrie, se concentra dans sa colonie la plus considérable, Carthage. Pour mieux se rendre compte de la force expansive de ce peuple et de l'esprit de ses institutions, il faut songer que, isolée au milieu de races anciennes, cette grande cité put aspirer à l'empire de l'Europe et que tel de ses citoyens, un membre de la famille Barca, par exemple, leva à lui seul des armées puissantes contre les Romains. Si Carthage a péri, ce n'a été que par l'excès de ses grandes qualités. Elle ne sut, dans son

désir immodéré de domination, ni se défendre de transporter sur le continent la prépondérance légitime qu'elle
exerçait sur les mers, ni contenir l'initiative individuelle,
cause première de son développement, de façon à l'empêcher de dégénérer en un de ces tumultes populaires, où
finit par sombrer la république, ainsi qu'Aristote l'avait
prévu un siècle auparavant.

CHAPITRE V.

A partir de l'époque de Débora, avant laquelle les
« assemblées d'Israël étaient désertes », quand chacun,
selon le livre des Juges, « faisait souvent ce qui lui pas-
sait par la tête », le peuple hébreu fut gouverné par le
Sanhédrin ou conseil général, et chaque tribu en particulier par ses *anciens*. Les tribus se rassemblaient pour
châtier la ville ou la tribu qui, comme celle de Benja-
min, avait enfreint les lois communes.

La nation, convoquée par les prêtres, se réunissait à
Masphah pour élire ses chefs et pour délibérer sur les
grands intérêts du pays. Silo, Gabon, Bethsamès et
Cariath-Jarim se disputaient tour à tour la prééminence
sur les autres cités. Mélange de théocratie, de tribu
arabe et de ville égyptienne, sous la conduite tantôt des
capitaines du peuple, tantôt des bardes couronnés rois
ou des chefs de parti proscrits et replacés ensuite,
comme Jephté, à la tête de la chose publique, la Judée
parvint à se soustraire au joug étranger, à devenir prospère et, avec le temps, assez puissante pour franchir ses

bornes étroites et s'étendre dans la Syrie. Mais aussitôt que, achevant l'œuvre déjà commencée par Saül et David, Salomon eut concentré toute la vie de la nation autour de son trône d'ivoire, dans la magnifique Jérusalem, les révoltes, le schisme et les invasions détruisirent promptement le petit pays qui avait aspiré à prendre place parmi les grandes monarchies de l'Asie.

Mais, si la nation périt par l'ambition de ses princes, le peuple rajeunit ses forces et puisa une nouvelle existence, incomparable et unique au monde, dans la diversité même de ses innombrables colonies, qui, des rives de l'Euphrate à celles du Danube, du Tage et du Tibre, ceignirent d'un lien mystérieux l'Asie et l'Europe, de même que les Phéniciens, à une époque antérieure, avaient fait de leurs villes une ceinture à la Méditerranée.

CHAPITRE VI.

DES LYDIENS.

La Lydie, qui, dans l'antiquité, nous apparaît comme
le pays de l'or, a moins dû sa prospérité et sa réputation
aux rares parcelles de ce métal enlevées par les eaux du
Pactole au Tmolus, qu'au voisinage des contrées indus-
trieuses dont elle était entourée et qui entretenaient
avec elle des relations suivies : les colonies grecques,
la Carie, la Lycie, la Pisidie, et bien d'autres encore,
qui faisaient de l'Asie Mineure le marché du monde
entier.

Sardes paraissait être le centre moral de tous ces
peuples régis à peu près par les mêmes lois et façonnés
aux mêmes mœurs. Là se donnaient rendez-vous leurs
meilleurs esprits; là se recueillaient les apologues, ces
formes gracieuses de la sagesse antique, qui séduisaient
les plus ignorants; de là se répandaient par toute la terre
les contes merveilleux et les poésies mystiques.

Sous Alyatte, les Lydiens avaient transformé en conquête la suprématie dont ils jouissaient déjà dans l'Asie
Mineure. Sous Crésus, qui ambitionnait de reculer jus-

qu'au Taurus les frontières de son vaste royaume, ils se heurtèrent aux Perses, qui les battirent et les subjuguèrent.

En échappant à la concentration lydienne, l'Asie Mineure continua de se développer dans son activité multiple, en dépit des Perses, dont la domination, par l'effet de son éloignement, s'y relàchait de sa rigueur. De sorte que la grande civilisation grecque, qui déjà était née sur ces rivages avec Homère, Sapho et Alcée, ne cessa point de rayonner des bords de l'Hellespont aux extrémités de la Cilicie.

CHAPITRE VII.

Le nom de la Grèce a été salué par tous les peuples et dans tous les temps, non seulement avec vénération, mais encore avec amour. Loin d'éveiller aucun sentiment d'amertume, il attire, au contraire, les sympathies, il inspire la reconnaissance. Le genre humain semble prendre plaisir à se mirer dans l'histoire de cette nation, comme dans son image la plus brillante. C'est que la vie se développa largement et se maintint chez elle dans l'épanouissement complet de ses forces. Toute son existence n'a été, en effet, qu'une jeunesse florissante qui, depuis ses premières entreprises en Asie jusqu'à la chute de Corinthe, n'a pas duré moins de mille ans. Elle ne languit pas ensuite ni n'expira de vieillesse : elle se fondit si intimement dans la vie romaine qu'on ne saurait plus à Byzance les discerner l'une de l'autre, pareille à l'arbre qui par la greffe a changé d'essence.

Dès la première heure, son activité embrasse tout ce qui peut rendre les hommes glorieux, utiles et aimables. La poésie et l'héroïsme y sont innés. Aussi l'industrie et le commerce même y prennent-ils je ne sais quel air héroïque. Les arts incarnent l'idée de la divinité de manière à la confondre avec la nature; la philosophie met la raison humaine en possession de l'infini invisible, et le législateur, comme Solon, sacrifie aux Grâces.

A la fécondité de l'œuvre correspond celle de la race hellénique, qui, soit qu'elle se répande de la Thrace ou bien du Péloponèse, recouvre une si large étendue de pays. Elle déborde sur les îles adjacentes, pénètre dans les continents les plus éloignés, s'étend le long des côtes de l'Afrique, de l'Espagne, de la Gaule, envahit l'Asie Mineure et la péninsule italique, modifiant le caractère des nations auxquelles elle se mêle et reportant dans la mère patrie tous les germes heureux qu'il lui est possible d'en extraire. Aux trois souches primitives de la Grèce la plus ancienne succèdent les douze peuples assemblés dans la première et la plus grande Amphictyonie, lesquels se subdivisent en nations innombrables, diversement confédérées entre elles et ayant chacune sa ville capitale d'un État. Bientôt, le sol de la double presqu'île regorgeant d'habitants, les branches de chaque famille se transplantent dans de nouveaux territoires où, comme le pollen des plantes transporté par l'air, elles reproduisent l'image de leur métropole, se multipliant partout avec les mêmes caractères et engendrant partout les mêmes effets.

Or, dans cette masse de peuples si dense qu'il est malaisé de les énumérer tous, de les distinguer l'un de l'autre, chacun, néanmoins, a sa période de prééminence et de gloire.

Quel germe a jamais été aussi fécond, a développé une activité aussi grande? Pendant un long espace de temps, le monde entier semble en avoir été vivifié. Écoutez Hésiode, dont la poésie, gravée sur les marbres, servit de premier code à la Grèce : « La rivalité a été placée par Jupiter dans les racines de la terre pour animer au travail même l'indolent. La rivalité est propice aux mortels. L'artisan porte envie à l'artisan, le poëte au poëte. » La Grèce a été, en effet, le produit des forces individuelles, multipliées et accrues par l'émulation.

Depuis la prépondérance de la Thessalie jusqu'à celle de l'Achaïe, chaque peuple s'est élevé à son tour sur la cime de la montagne que tous sans cesse gravissaient. Chaque ville a été acclamée pour un beau fait d'armes ou pour une œuvre de génie ; chaque parti politique, chaque principe philosophique, chaque branche de littérature ou chaque art a eu son heure de gloire et a pu se dérouler jusqu'à sa dernière conséquence. Ici, instabilité de gouvernement et de lois, comme à Athènes ; là, immobilité législative, comme à Sparte, en Crète et à Locres, la ville qui n'a pas permis, disait Démosthène, qu'en deux siècles une seule loi fût changée. Les rois de Lacédémone, de Macédoine, de Syracuse, ne craignent pas le contact des républiques aristocratiques, démocratiques et communistes ; les tyrans se rencontrent avec les démagogues, les proscrits, les aventuriers ; les religions les plus pures se croisent avec les plus sensuelles; le spiritualisme modéré ou transcendant avec le matérialisme sous toutes ses formes; l'art militaire adopte toutes les dispositions stratégiques; la littérature met en œuvre tous les styles, l'architecture tous les ordres, la sculpture toutes les matières et toutes les couleurs.

Les superstitions religieuses n'étaient pas la moins puissante des causes qui favorisaient l'industrie, en excitant le talent à produire des statues, des simulacres et des temples plus beaux que ceux des villes rivales. Les dissensions elles-mêmes entre les cités animaient leur ardeur, chacune voulant perpétuer son triomphe ou sa défaite par la poésie, par les arts ou l'éloquence. Ces dissensions n'empêchent pas les Athéniens d'envoyer à Hérodote d'Halicarnasse un présent de dix talents, ni de conférer à Pindare le Thébain le titre et les privilèges d'*hôte public;* elles n'empêchent pas les habitants de Céos de lui commander une prière destinée à être chantée dans une procession solennelle, et Simonide, natif de cette même Céos, reçoit, pour ses hymnes à la Grèce victorieuse, des récompenses de l'Athénien Thémistocle et du Lacédémonien Pausanias.

Les dissensions y furent, en effet, permanentes; mais de quel peuple ont-elles jamais causé la perte, ou de quelle ville la ruine, sauf quelque cas très rare, qui ne s'est produit que pendant la période funeste de l'ambition macédonienne? Les querelles interminables, qu'on lit dans Thucydide et dans Xénophon, n'ont donné lieu à

aucune grande bataille. La guerre même du Péloponèse,
qui a duré vingt ans, se borna à des dévastations, des
rançons et des pillages; elle ne devint sanglante que
lorsque les Perses s'allièrent à l'un des deux partis bel-
ligérants. Dans la septième année de cette guerre, les
Spartiates rachetèrent quatre cents de leurs soldats as-
siégés par les Athéniens moyennant soixante vaisseaux,
et les Siciliens usèrent envers les Athéniens d'une douceur égale. Le sacrifice des Thermopyles prouve combien
était différente la manière de combattre des Hellènes
entre eux ou avec l'étranger. D'après une ancienne loi
de l'Attique, il était défendu de célébrer publiquement
les victoires remportées sur les Grecs. Lorsque Athènes
fut prise par les Lacédémoniens et même, plus tard, par
le Macédonien Démétrius Poliorcète, cet événement fut
considéré plutôt comme le triomphe d'un parti politique
que comme la vengeance d'un ennemi inexorable.

Si les partis politiques furent, à la vérité, la cause
principale des discordes de la Grèce et divisèrent per-
pétuellement les Doriens et les Ioniens, c'est-à-dire
les héritiers de l'esprit asiatique et les promoteurs du
nouvel esprit européen, en revanche, par l'alternative
de leurs succès, ils contribuèrent pour la plus large part
à maintenir ou à rétablir l'équilibre entre les cités rivales
et les stimulèrent ainsi aux grands sacrifices pour le bien
commun. La prééminence si ardemment souhaitée ne
pouvait s'acquérir qu'à ce prix. Si, dans la première période, Sparte a été regardée comme le centre de la Grèce,

si bien que le roi de Lydie traitait avec elle, que Platée
recourait à elle et qu'Athènes même citait en jugement
devant elle les Éginètes, elle le dut au prestige conquis
en aidant les villes sœurs à secouer le joug qui les
opprimait. Athènes, qui, selon la parole attribuée par
Thucydide à Périclès, n'aspirait à devenir que l'école de
la Grèce, mais qui en réalité ambitionnait une puissance
plus ample, dut sa prépondérance incontestable moins
encore aux hommes de talent, qui accouraient dans ses
murs de tous les points de la Grèce, qu'au sacrifice qu'elle
fit d'elle-même, dans les guerres de Xerxès, pour la défense nationale et à son initiative, sans cesse renouvelée,
pour la continuation de la lutte contre l'Asie. Quand
Thèbes, la troisième ville qui prétendit exercer un ascendant général, s'insurgea contre la prédominance oppres-
sive des Lacédémoniens, elle apparut comme la vengeresse
du grand principe national de l'équilibre et mérita, pour
cette raison, d'être acclamée à son tour par la nation
entière.

La Macédoine enfin, qui fut cependant, par son désir
avide de domination, la cause la plus funeste de la décadence de la Grèce et des inimitiés les plus féroces entre
les villes, se trouva dans l'impuissance de remplir ses
vues, malgré les triomphes d'Alexandre, malgré la puissance de ses successeurs, malgré les ruses qu'elle mit en
œuvre pour s'emparer des grands pouvoirs fédéraux et
pour se glisser, d'abord dans l'Amphictyonie, ensuite dans
la Ligue achéenne. Après l'intrusion de Philippe, devenu

son chef militaire, la grande Ligue, qui avait duré cent trente-cinq ans, ne put plus servir de bouclier à l'indépendance de la patrie. Néanmoins les Romains, respectueux de la forme antique qui avait rendu la Grèce victorieuse dans la Colchide, à Troie et à Salamine, continuèrent à l'appeler l'Achaïe, du dernier nom qu'avait pris le pacte national.

CHAPITRE VIII.

DES ÉTRUSQUES.

L'Étrurie se présente encore à nous avec ses origines
enveloppées d'un voile mystérieux, comme, dans les ta-
bleaux qui nous restent d'elle, les personnages ont la tête
recouverte d'un pan de leur manteau. La littérature de
Rome, à peine suffisante pour enregistrer ses propres fastes,
a dû renoncer au pieux devoir de recueillir les reliques
des peuples qui furent au nombre de ses ancêtres. L'image
de l'Étrurie ne s'en détache pas moins, sur le fond obscur
de l'antiquité, avec des contours précis et des linéaments
en relief : brillante de coloris et vivante encore, elle se
place résolument à côté des images de la Grèce et des premières nations de l'Orient, mais absolument distincte
d'elles, nonobstant les traits qui accusent et décèlent leur
commune origine.

L'Étrurie possédait une constitution plus régulière
que la Grèce, plus riche en centres d'impulsion que
l'Égypte et la haute Asie. Le système fédératif y dominait, plus complet et plus stable que dans toutes
les autres nations anciennes. On y voyait, pour la pre-

mière fois, l'application du régime des villes réunies en corps de nation. Tantôt monarchique, tantôt aristocratique, tantôt populaire, suivant le mouvement politique qui se produisait parmi les populations de l'Italie, comme l'a remarqué Denina, l'Étrurie adoptait l'une ou l'autre forme dans les douze lucumonies, sans interrompre les assises du Concile national assemblé dans le temple de Voltumna. Et lorsque Véies revint docilement à la royauté, abolie déjà au quatrième siècle, non seulement en Étrurie, mais dans l'Italie entière, la confédération châtia la ville dissidente en l'abandonnant au ressentiment des Romains, qui la tenaient enserrée dans un cercle de fer.

La religion, quoique devenue, comme en Orient, un instrument d'ingérence politique, s'y développait néanmoins d'une manière plus pratique, et devenait la règle de la vie sociale. L'art augural, qui en formait le principal ministère, qui présidait à l'agriculture, à la navigation, à la guerre, et qu'on interrogeait dans toutes les circonstances de la vie privée, exigeait une somme de connaissances qui supposaient un éminent degré de progrès scientifique. Les beaux-arts y avaient réalisé une perfection, une originalité, dont le type n'a jamais cessé d'être un objet d'étude et d'imitation pour l'architecture et l'orfèvrerie, qui, pendant longtemps, restèrent en Italie le privilège des Étrusques. La meilleure preuve de la supériorité de ce peuple, c'est l'usage de sa langue devenu général en Italie et à Rome, où elle eut l'honneur d'être publiquement enseignée, avant le grec, comme langue littéraire.

Une telle grandeur morale a dû sans doute être accompagnée d'une grande prospérité : aussi l'Étrurie a-t-elle été en butte aux critiques jalouses des auteurs grecs, qui, de Platon à Théophraste, lui reprochaient amèrement son luxe et sa mollesse, reproches qu'on n'adresse d'ordinaire qu'aux riches et aux puissants. En tout cas, si elle s'éleva si haut, c'est grâce à son organisation politique. Machiavel observe avec admiration qu'aucune de ses villes « ne dépassait l'autre ni en rang ni en autorité, et que chacune voulait associer toutes les autres à ses conquêtes ». Il est probable que ses institutions, tant leurs admirables effets étaient évidents! servirent de modèle aux peuples d'alentour moins avancés qu'elle dans la voie du progrès : les Sabins, les Latins et les Samnites. En effet, du Pô à Tarente, toutes les peuplades italiques continuèrent, jusqu'au troisième siècle, à se gouverner elles-mêmes, liées entre elles par un pacte fédératif peu différent de celui que les Étrusques gardaient dans le temple de la déesse Voltumna.

Nous nous refusons à voir la première cause de la décadence de l'Étrurie dans son extension, par le développement de ses colonies, au nord et au midi de l'Italie, où elle provoqua des représailles mortelles de la part des Gaulois et des Samnites, mais il est hors de doute que sa décadence devient visible après les guerres de Porsenna.

Le roi de Clusium, qui avait rassemblé dans sa main les forces et pris le pouvoir suprême des confédérés afin de replacer les Romains sous le joug des Tarquins, Étrusques d'origine, entreprit une guerre de prépondérance excessive, sinon de conquête, qui, par son but, par les moyens dont il se servit et les conséquences qu'elle amena, ne pouvait manquer d'ébranler les bases sur lesquelles reposait la puissance de l'Étrurie.

CHAPITRE IX.

Surgie au milieu d'une multitude de petits États, Rome
réussit à devenir leur centre, en renversant par les armes
leurs bornes étroites. Elle les contraignait ainsi, tout dissemblables qu'ils étaient entre eux, à se confédérer successivement avec elle, moins dans le dessein de former
une nation, à laquelle il eût fallu donner, pour caractère
distinctif, des limites fixes et des règles uniformes, qu'afin
de constituer une société toujours ouverte à de nouveaux
accroissements de territoire et à de perpétuels rajeunis-
sements de forme. Telle fut la vraie cause de la grandeur
extraordinaire des Romains, cause si vainement cherchée
par les écrivains dans ses institutions civiles, religieuses
et militaires, dans ses premières lois et jusque dans ses
conditions topographiques, comme si chacun ou même
plusieurs de ces avantages n'avaient pas été communs
à d'autres peuples !

A la prédominance de la grande cité, qui ne deman-
dait aux Marses et aux Samnites, après leur défaite, d'autre
marque de soumission que « le respect de la majesté

du peuple romain », on substitua plus tard le pouvoir dans lequel on supposait que résidait la source de toute autorité et de tout droit. Les bases antiques de la société romaine, établies par le consentement et la coopération de tous, disparurent alors sous la gigantesque enveloppe qui, s'étendant par degrés, nivela et confondit tout ce qui existait de diversité, de contrastes et de spontanéité dans un seul et universel empire. Ainsi, la décadence et la ruine du monde romain dérivèrent de causes opposées à celles de sa formation et de son agrandissement.

Il est vrai que l'aptitude, dont Rome se prévalut si merveilleusement pour son élévation et le progrès du genre humain, existait déjà dans la vieille terre italique, j'entends parler de l'aptitude des peuples à se rapprocher sans se mêler ni perdre leur caractère particulier. Déjà les États qui s'étaient formés par des fédérations se confédéraient entre eux : la fédération ombrienne avec celle des Sénones, l'Étrusque avec la Sabine, celle-ci avec la Latine. Ces deux dernières avaient un temple commun dédié à la déesse Féronia. Les guerres réitérées soutenues par ces mêmes peuples contre Rome, celles des Samnites et la guerre sociale provenaient de la même impulsion, et peu s'en fallut que Corfinium ne prît la place de Rome et la Diète italique celle du Sénat romain. La force fatale ou providentielle dont Rome se sentait pleine lui permit de suivre, tout en marchant vers le même but que ses adversaires, un chemin opposé : elle s'associait les autres au lieu de se joindre et de se mêler à eux, bien que les peuples associés de cette manière pussent vivre, suivant l'expression de Cicéron, de deux vies différentes, l'une propre à chacun d'eux, l'autre commune avec celle de Rome.

C'est sur le traité de Spurius Cassius — la première convention internationale de l'État romain à laquelle souscrivirent trente cités latines — que se modelèrent en grande partie les traités conclus avec les Samnites et les Marses, celui avec les Sabins, celui de Coruncanius avec les Étrusques, de Papinius avec les Lucaniens, puis avec les Picentins, les Sarsinates, les Messapes, avec Tarente et Brindes, avec Hiéron de Syracuse, avec Tauroménium, Panorme, Égeste et autres villes, enfin avec toute l'Italie méridionale. Plus tard les stipulations de Marcellus et de Cornélius Scipion avec la Cispadane, la Transpadane et l'Istrie modifient le type des traités primitifs. Le ciment militaire des colonies se prodigue davantage dans l'édifice des annexions, qui n'en deviennent pour cela ni moins larges ni moins régulières, en sorte que l'annexion avec Rome, de type ou droit italique, demeure le but ambitieux visé par les autres peuples.

Le lien qui l'attachait aux pays vaincus, Rome le prenait dans son organisation, en leur communiquant ses propres droits, publics et privés, qu'une savante législation avait définis et élevés à une hauteur incomparablement supérieure à tout ce qui existait ailleurs. Tantôt elle agrandissait son territoire sacré — ou, par antonomase, l'*ager* — en l'étendant de l'Étrurie à la Campanie, comme elle fit de l'an 384 à l'an 264 avant Jésus-Christ, et tantôt elle le transportait fictivement en d'autres mers et en d'autres contrées. Elle accordait la faculté — source de tout droit — d'acquérir ou de conserver la propriété romaine par achat, par testament et par mariage : de commercer avec la métropole, sur la base du libre échange : de se revêtir de la puissance paternelle des Quirites et de leur inviolabilité personnelle : de concourir aux suffrages dans les actes publics et aux honneurs par les charges, ce qui constituait l'exercice le plus élevé de la souveraineté ; elle conférait enfin le droit — qui devait peser d'un poids considérable — de participer aux immenses propriétés domaniales ou *ager publicus*, créé par le fait des guerres.

Ces genres si variés d'assimilation, entremêlés sans ordre de régions ni de provinces, sans lien de continuité ni distinction de villes ou d'États, confédérés ou alliés, avec ou sans suffrage, de droit italique ou latin, se trouvent disséminés parmi les colonies d'un modèle ou de l'autre et les municipes qui avaient adopté la législation romaine ou conservé la leur. Préneste et Tivoli ont un territoire spécial au beau milieu du territoire romain, et, sur les douze cantons étrusques, trois seuls sont compris dans les trente-trois tribus romaines.

Cette apparente confusion, qui se prolongea jusqu'au second siècle de l'empire, est la preuve la plus irréfragable de l'abstention complète de Rome dans le gouvernement particulier de chaque ville et de chaque province, sans que pour cela le lien commun en fût relâché.

Ce qui engagea Rome dans la voie d'une civilisation si

haute et si neuve, ce fut surtout l'esprit d'équité qui prévalut chez elle, progressivement, par suite de la prépondérance du parti populaire. Après la guerre samnite et la guerre sociale, les peuples vaincus sur les champs de bataille prirent leur revanche dans les jugements du Forum. La lutte intestine qui se perpétua au sein de la république se résume, pour la politique extérieure (si, en parlant d'une telle époque, il est permis d'employer cette expression moderne), dans le principe de la prédominance exclusive de Rome, soutenu par le parti aristocratique, et dans celui d'une union équitable avec les autres peuples, soutenu par le parti plébéien. Marius fut accusé d'avoir trahi la patrie pour avoir accordé le droit de cité aux Ombriens. Le droit de latinité accordé à Novocome dans la Transpadane par le consul Jules César ne fut pas reconnu par l'autre consul, qui était d'un parti contraire. Recrutée chez tous les peuples italiques, la plèbe romaine formait, dès le commencement, l'embryon de cette agrégation universelle, que les Gracques, Livius Drusus et Marius préparèrent dans l'exil et par le sang.

De sorte que, menacée d'une nouvelle invasion transalpine, l'Italie n'hésita pas à confier à Rome, pour la repousser, six cent vingt mille soldats et, dans la seconde guerre punique, elle ne fournit à Annibal, victorieux depuis deux ans, aucun allié. Déjà, dans les premiers temps, elle n'avait offert que peu d'auxiliaires, et seulement, dans le Midi, à Pyrrhus, qui, pourtant, se proclamait le défenseur des libertés italiennes. Quand des discordes civiles éclataient dans une ville, comme à Arezzo, comme à Capoue, ou que des différends s'élevaient entre deux peuples, comme à l'extrémité de la Ligurie entre Gênes et Utricoli, on recourait à l'arbitrage de Rome pour apaiser les querelles, et cela de tous les points de l'Italie. Machiavel fait remarquer que le premier préteur qui parut à Capoue n'y fut pas envoyé « par l'ambition des Romains, mais sur l'invitation des Capouans, qui, étant partagés entre eux, jugèrent nécessaire d'avoir dans leurs murs un citoyen romain pour y ramener l'ordre et l'union ». La Justice et la Paix, tels furent les deux titres à la suprématie que Rome fit valoir d'abord en Italie, ensuite parmi les nations étrangères ; et l'empire n'existait pas encore que déjà le monde se réglait d'après ses principes. Pompée et Lucullus en Asie et en Afrique, César et Métellus au nord et à l'ouest de l'Europe terminaient de longues guerres entreprises pour rendre la sécurité à leurs alliés, pour rétablir l'union parmi les peuples en armes et l'ordre dans les pays troublés. Tandis que César présidait l'assemblée de toutes les Gaules à Samarobriva, Lucullus et Pompée réorganisaient les royaumes et les dynasties de l'Orient.

Les nations choisissaient à leur gré un gouvernement libre, ou la royauté, comme la Cappadoce. Montesquieu, qui, avec la plupart des écrivains étrangers, et même, chose étrange à remarquer, des écrivains italiens, ne vit dans les progrès de la puissance romaine qu'un empire tout d'une pièce méthodiquement imposé à la terre, depuis les sept collines jusqu'aux confins du monde, par les légions invincibles, est cependant forcé d'avouer, en abordant l'époque célèbre dont nous parlons, que les Romains étaient devenus les protecteurs de l'univers. Les auteurs contemporains, la correspondance et les discours de Cicéron, les *Commentaires* de César, font foi de la gratitude témoignée si souvent et si vivement par les rois et les peuples alliés. Les annales de l'antiquité retentissent encore du cri de joie que poussèrent les Grecs réunis à Corinthe à la nouvelle de leur indépendance proclamée après la défaite de l'usurpateur macédonien. La loi de Pompée, plus d'une fois citée par Pline, concernant la Bithynie et les autres populations de l'Asie, ainsi que la loi Rupélia invoquée par Cicéron (*in Verrem*) pour la Sicile, la loi pour la Gaule Cisalpine et celle pour la péninsule ibérique, n'étaient autre chose que les décrets par lesquels le Sénat et le peuple sanctionnaient les larges franchises accordées par les généraux romains à ces nations, franchises analogues à celles qui avaient été précédemment accordées aux peuples italiques, bien qu'avec un peu moins de libéralité.

En dehors des zones où la guerre était permanente et où il y avait urgence de contenir les irruptions des barbares, dont les multitudes enveloppaient déjà les extrémités du monde que les Romains avaient pas à pas conquis à la civilisation, les nations érigées en provinces, (excepté toujours l'Italie), étaient présidées par un officier d'ordre exclusivement judiciaire, comme le préteur. De même, les questeurs n'étaient envoyés auprès d'elles que pour toucher les tributs convenus et pour surveiller l'administration des armées et des flottes. L'État subvenait si largement aux frais de ces agents, que tel, parmi eux, dans les temps postérieurs, reçut pour le *vasarium* jusqu'à 3 600 000 livres de notre monnaie. De l'an 604 à l'an 694 de Rome, c'est-à-dire depuis l'époque des Scipion jusqu'au consulat de Cicéron, on fit six lois pour régler ces dépenses et pour garantir les provinces et les alliés contre de pareilles concussions. Les condamnations des *présides* prévaricateurs, prononcées par un tribunal spécial furent nombreuses; les rigueurs contre les publicains concussionnaires très grandes, comme celles dont usa Lucullus à Éphèse. Les harangues de Cicéron ne nous montrent-elles pas avec quelle indignation le peuple romain réprouvait les violences commises contre des peuples alliés ou amis? Même dans les provinces où le proconsul gardait le suprême *imperium*, il existait, au témoignage de Cicéron, de Strabon et de Denys, un grand nombre de villes qui jouissaient de leurs pleins droits et échappaient à la tyrannie proconsulaire.

Au sixième siècle de la fondation de Rome, on bâtit dans le Forum deux édifices particuliers qui indiquaient exactement les rapports qu'elle entretenait avec les deux sortes de peuples qu'elle reconnaissait : le *græcostasis*, hospice réservé aux ambassadeurs des nations alliées, et la *station municipale*, où, au début de l'année consulaire, s'assemblaient les délégués des villes fédérées et des provinces pour traiter des affaires concernant leurs popu-

lations et pour mettre à la disposition du gouvernement
le nombre de soldats que les traités imposaient inéga-
lement à chacune. Il est bon de remarquer à ce propos
que, dans les armées, où se révélait le mieux le caractère des institutions de Rome, au lieu d'incorporer dans
les rangs de ses légions les contingents des alliés et
des mercenaires, on leur laissait les formes d'organisation spéciales au pays où on les recrutait, sans les
assujettir aux règlements de la milice romaine. De sorte
que, vers la fin de la République, quand les aigles s'ar-
rêtèrent aux dernières bornes du monde alors connu et
si rarement depuis outrepassées par les empereurs, la
vie continua à circuler parmi les peuples innombrables
suivant la manière d'être propre à chacun d'eux et sous
les différentes formes de la tutelle romaine.

Avec l'accumulation des pouvoirs publics dans la
main des empereurs, l'uniformité s'étendit sur tout
l'Empire, mais d'une marche plus lente. Contraste admirable ! Plus le despotisme des premiers successeurs
d'Auguste grandissait à Rome, plus l'autonomie de la
vie intérieure grandissait dans les autres centres de
population : ce qui seul explique, comme j'ai déjà eu
l'occasion de le dire, la durée extraordinaire d'un empire
si colossal. La multiplicité et la persistance des foyers d'activité et une indépendance relative pouvaient seules y conserver l'élasticité et le mouvement, donner une certaine
satisfaction au besoin de liberté inné chez tous les hommes.
Tibère, qui avait ravi au peuple romain le droit d'élire ses

magistrats, permit à tous les autres d'élire les leurs, au moins par l'entremise du Sénat, comme l'attestent les listes électorales trouvées sur les murs de Pompéi et d'Herculanum, ainsi que les tables de Malaga et de Salpensa.

Les empereurs les plus détestés à Rome furent, au contraire, les plus aimés dans les provinces. Claude, qui reprit pour l'appliquer à l'Empire la large théorie que le tribun Drusus avait émise pour les Italiens; Néron, qui ne voulait pas que sa présence dans les villes suspendît l'autorité des magistrats; Domitien, à qui Suétone lui-même rend hommage, pour s'être occupé du choix des fonctionnaires publics avec un soin maternel; et, pour revenir à lui, Tibère qui, ayant à réprimer une révolte en Belgique, le fit sans violence, et qui autorisa les peuples de la Gaule à tenir une assemblée à Lyon, pour traiter librement des affaires qui les concernaient, ne pouvaient manquer de se rendre populaires par ces mesures et d'augmenter envers Rome l'attachement des nations soumises. Quand on réfléchit à l'importance de la révolution politique opérée par César et par Auguste dans l'immense Empire, qui renfermait tant de nations si dissemblables et si récemment subjuguées, peut-on refuser une certaine élévation de sentiments et quelque grandeur d'âme à leurs successeurs immédiats, à qui revenait une part si gigantesque de pouvoir personnel ? Ne convient-il pas plutôt d'accueillir avec quelque défiance les légendes de cruauté et de stupidité, avec lesquelles l'histoire des premiers Césars nous a été transmise par des écrivains d'une très grande autorité sans aucun doute, mais qui, écrivant sous des dynasties rivales et jalouses de la glorieuse mémoire laissée par la famille d'Auguste, ont dû subir leur influence? ou qui, chrétiens de religion, étaient moins impartiaux à cause des douleurs souffertes par la société dont ils faisaient partie et que l'on persécutait encore, l'accusant de vouloir renverser l'ordre de choses existant ?

Le droit de latinité, le droit de cité, le droit italique, successivement conférés aux territoires des villes, aux provinces et à l'Empire tout entier, introduisirent partout les institutions et les usages romains, de façon que Strabon disait des Gaules et des deux Ibéries qu'elles étaient devenues presque romaines, que la Bétique, particulièrement, méritait le nom qu'on lui avait donné de *togata*.

Les villes n'en continuaient pas moins à se gouverner elles-mêmes : leur liberté demeurait intacte. Et ce n'est pas assez! La coexistence des autonomies parallèles à l'unité de Rome devint encore plus évidente quand l'ingérence impériale, à l'époque des Antonins, commença à s'infiltrer dans l'administration locale en en modifiant la juridiction, en transférant une partie du gouvernement intérieur aux gouverneurs de provinces, jusqu'à les faire intervenir dans la nomination du directeur des finances. Malgré cela, les villes conservèrent une indépendance relative et la dignité de leurs corps constitués au point qu'Hadrien se faisait un honneur d'accepter le titre d'une charge municipale : d'archonte à Athènes, de démarque à Naples, et de magistrat quinquennal ailleurs. Au dire de Pausanias les villes grecques et, au dire de Pline, les villes d'Asie, se régissaient, à la même époque, selon leurs anciennes institutions. Plutarque, contemporain des mêmes empereurs, remarque à son tour, en parlant des assemblées populaires qui se tenaient à Rome, que l'éloquence y exerçait un grand prestige ; Dion Chrysostome vante la vie publique qui existait au deuxième siècle dans plusieurs villes, où, sauf un petit nombre de cas réservés aux lieutenants de l'Empire, la juridiction restait encore municipale.

C'est alors qu'on édifie, tel que depuis il apparut dans les codes de Théodose et de Justinien, le monument légistatif des Municipes, car, ainsi que le fait observer Ulpien, ce nom devint, par une extension de langage, celui de toutes les cités de l'Empire. Elles l'empruntèrent aux vingt qui l'avaient pris l'an 659 de la fondation de Rome, aux soixante que plus tard on trouve sous Tibère dans les Gaules, aux deux institués en Espagne.

Les légistes, flatteurs des princes, nous ont présenté les Municipes comme de simples mécanismes d'administration presque réduits aux fonctions d'édilité ; et l'on continue toujours à les considérer à la façon de Léon, dit *le Philosophe,* qui, après la chute de l'empire d'Occident et la ruine de celui d'Orient, prétendait que les Municipes n'étaient que « des fantômes errants autour du terrain légal ». Ils étaient, bien au contraire, les seules

artères réelles à travers lesquelles circulât encore la vie
romaine, et, même dans les derniers temps, ils furent les
seuls rouages à l'aide desquels pût fonctionner l'Empire,
qui avait fait exclusivement des Municipes ses agents fis-
caux. C'est à eux que s'adressèrent pour le rajeunir, mais
inutilement, Julien, Valentinien et Majorien, en rétablissant
quelques-unes de leurs franchises et en suscitant dans
leur sein un défenseur plus efficace de leur existence
déjà trop éphémère.

Des décrets, des lois, des règlements, des mesures de
toute sorte essayèrent de retenir, de fixer, de souder sur
le sol mouvant ces vieilles institutions qui vacillaient et
s'écroulaient, emportant jusqu'aux derniers vestiges de
l'immense édifice fondé sur elles et par elles. La liberté les
avait créées, la diversité les avait fécondées : l'uniformité
et l'intrusion de l'État les frappèrent, au contraire, du
mal funeste qui les fit périr. Marc-Aurèle, philosophe
aussi, complétant l'idée d'Hadrien, s'était fait gloire, dans
ses *Pensées,* d'avoir conçu le projet d'un gouvernement
fondé sur l'universalité et l'égalité des lois. Et certes, si
l'Empire avait été susceptible de reposer uniquement sur
les rouages d'une administration habile, celle que dirigeait
la haute et bienveillante intelligence des Antonins aurait
pu lui suffire; mais, au contraire, la vie normale de la
société romaine commence dès lors à s'éteindre. Jusqu'à
Dioclétien, qui en a fermé l'ère historique en essayant
d'anticiper l'œuvre du temps, en morcelant lui-même
ce grand corps en plusieurs parties, cent vingt années

s'écoulèrent dans l'anarchie et furent remplies d'insurrections militaires, qui, entre empereurs et césars acclamés, donnèrent quatre-vingts chefs à l'État. C'étaient les différentes nationalités qui ressuscitaient de cette manière, représentées par les armées recrutées ou campées sur leurs territoires, et qui se battaient pour la suprématie avant de combattre pour l'indépendance. Car la trêve de la patrie, où résidait la raison d'être de l'union avec Rome, était expirée, et les lieutenants de l'empereur, qui prétendaient à l'empire, n'avaient plus aucun intérêt à maintenir, pour nous servir de l'expression de Pline le Jeune, « la majesté de la paix romaine ».

CHAPITRE X.

Lorsque, ayant éliminé l'un après l'autre les éléments pratiques qui l'avaient constitué, le faisceau de l'empire romain se fut transformé en une abstraction, où pouvait-il trouver mieux qu'en Orient la forme appropriée à sa nouvelle manière d'être? L'Orient, qui de tout temps a renfermé dans son sein les larges matrices des monarchies d'ordre surnaturel formées de l'assemblage de plusieurs nations, exerça sur Rome l'attraction qu'il avait déjà exercée sur la Grèce. Nicomède et Antioche furent, avant Byzance, le siège d'un gouvernement impérial.

Si à Rome on avait fondé la société de type exclusivement civil, à Byzance on créa la monarchie mi-partie civile et religieuse, dont le type se propagea par la suite en Europe où il s'est perpétué jusqu'à nos jours, modifié ici par l'amoindrissement de l'influence religieuse, ailleurs par la prédominance plus particulière de quelque institution civile.

L'unité absolue au moyen d'une législation commune, que Marc-Aurèle ne réussit pas à consolider, put être

réalisée par Constantin, parce qu'à la société des Municipes, qui se dissolvait, il substitua la société ecclésiastique établie sur les diocèses dont les évêques étaient élus
par le suffrage populaire : tant il est vrai que, sans la
multiplicité des centres, distincts d'une manière ou de
l'autre et indépendants entre eux, il est impossible de
fonder même un État conçu d'après le système idéal le
plus complexe.

Il se constitua en effet, à Byzance, un état étrange à
contempler : une sorte de monstre dont les deux têtes,
monarchie et pontificat, se perdaient dans les régions de
l'autorité inaccessible, et dont les pieds écrasaient la foule
des peuples frappés de soudaine immobilité. L'art, riva-
lisant presque de fécondité avec la nature, engendra là
une myriade d'êtres intermédiaires qui l'enveloppaient
dans tous les sens, tournant en cercles concentriques
de pouvoirs civils, militaires et ecclésiastiques, montant et
descendant les échelons sans fin des hiérarchies subor-
données ; le parasitisme s'étendit partout, comme un
réseau inextricable de symboles, de rites, de formulaires,
d'immunités, de prérogatives, de capacités ou incapa-
cités, de classes, de grades ou de professions. Un tel
monstre, qui suçait la vie de la terre, qui la stérilisait et
la dépeuplait, la comprimant sur tous les points, sans
reposer sur aucun, semble n'avoir jamais pu exister ;
il a vécu cependant, et il s'est même reproduit.

La religion nouvelle, qui se propageait dans l'Empire,
put seule aider à l'apparition d'un gouvernement aussi

phénoménal, en lui servant à la fois d'élément de cohésion
et de point d'appui. Pour obtenir l'existence légale, le
christianisme consentit à remplir de sa vie les contours
de l'être chimérique, à lui fournir des organes, à le
colorer de son sang neuf et généreux. Ce n'est plus ni l'Empire des Romains, ni l'Empire byzantin, grec ou oriental,
mais c'est, en réalité, l'Empire des chrétiens, lequel
doit plus tard transformer Rome en république chrétienne. Les anciennes nations et provinces semblent disparaître pour faire place aux Églises d'Antioche, d'Alexandrie, de Rome, de Milan, de Carthage, d'Éphèse, d'Héraclée.
Les conciles rétablissent l'union effective des nouvelles
populations. Celui d'Éphèse réunit plus de deux mille
évêques, et jamais, avant ou après, on ne vit assemblée
plus nombreuse ni plus autorisée de représentants de
peuples si différents. Les évêques avaient hérité, seuls,
de toutes les attributions des Municipes ; ils s'en étaient
proclamés les défenseurs légaux et ils en exerçaient le
pouvoir judiciaire. Ils concentraient en eux-mêmes toute
l'autorité municipale ; aussi le roi franc Chilpéric s'écriait-
il : « Dans les villes romaines, il n'y a que les évêques qui
règnent. »

Tout prenait là un caractère religieux, jusqu'aux querelles de cour et de palais, jusqu'aux émeutes sur la place
publique, aux séditions dans les provinces, aux guerres
et aux alliances avec les barbares, aux successions et aux
usurpations du trône. Les plus hautes questions d'État
et les controverses entre nations se dénouaient sur le

seuil du temple, tantôt par la déposition d'un patriarche, tantôt par la pénitence d'un empereur. Les luttes s'y continuaient avec acharnement entre églises, entre conciles, entre évêques, pour des doctrines, des formules, des prérogatives, des droits de préséance, et elles dégénéraient toutes également en conflits politiques ou, pour mieux dire, elles formaient toute la politique. Donatius, Arius, Eutychius bouleversèrent l'Empire, ainsi que l'avaient autrefois bouleversé César et Pompée, Maximin et les Gordiens.

De ces diversités cependant, quelle que fût leur nature, de ces conflits jaillit une sève nouvelle dans l'Empire d'Orient, déjà inanimé : aux grands hommes d'État et aux grands écrivains qui illustrèrent le quatrième siècle, à Rufin, à Stilicon, à saint Ambroise, à saint Chrysostome et à saint Augustin succédèrent les grands hommes de guerre et les jurisconsultes qui couronnèrent de leur gloire l'époque de Justinien. Deux fois encore il fut donné à Byzance de soustraire les provinces occidentales et l'Afrique à l'invasion des Barbares, et même de recommencer, sous Héraclius, secondé par Serge, les conquêtes d'Alexandre sur les rives de l'Euphrate. Enfin, quand on pouvait le croire complètement mort, ranimé inopinément par ses luttes avec les nouveaux Latins, par la prépondérance qu'avait recouvrée l'élément grec et par la virile initiative de Nicée et d'Hadrianople, l'Empire se releva sous un aspect nouveau et, grâce à Michel Paléologue et aux Lascaris, il resplendit encore d'une gloire momentanée.

CHAPITRE XI.

DES ARABES.

Loin des centres où, au milieu de luttes ardentes, s'accomplissaient les destinées des grands empires, dans une ville de l'Arabie presque isolée, comme six siècles auparavant dans la Galilée,— dont le désert la sépare,— apparut une idée de rédemption sociale, mûrie elle aussi par le temps et par les douleurs de l'humanité. Dans ces contrées calmes et solitaires, les maux et les vices de la société vinrent se refléter, comme au fond d'une chambre obscure, plus distincts et avec un plus grand relief, en même temps que les idées de réforme et de régénération qui fermentaient dans la terre entière, parmi les classes et les âmes tourmentées. L'Empire de Constantinople et les conquêtes des Barbares avaient fait triompher la doctrine de Jésus : l'islamisme de Mahomet, ce christianisme brutal de l'Orient, courut tel que la foudre, du Caucase à l'océan Atlantique, de l'Himalaya aux Pyrénées, derrière le cimeterre des Arabes. Bien que ne possédant pas le germe fécond et miraculeux de la charité chrétienne, la révolution dont les Arabes se firent les apôtres despotiques, émanait, elle aussi, de l'éternelle source de justice, et elle servit à relever un grand nombre de peuples de l'avilissement où, faute d'une pensée élevée, faute d'un sentiment d'équité pour diriger les instincts humains, la lumière manquait aux esprits et la flamme aux cœurs.

Aucun peuple n'accomplit une œuvre plus grande ni plus durable en un espace de temps aussi court, et aucun peuple ne disparut plus promptement après de si vastes entreprises, lesquelles devaient faire le profit et la gloire d'autres nations. Damas en Syrie, Bagdad en Perse, le Caire en Égypte, Cordoue en Espagne s'élèvent, magnifiques et orgueilleuses de leur savoir, de leur richesse et de leur puissance, tandis que l'Arabie reste ce qu'elle était, ne retirant de l'empire d'un tiers du monde qu'un pèlerinage de plus dans ses terres, au tombeau de son Prophète! La culture de la plante aromatique de l'Yémen devait l'enrichir plus que la conquête de l'Asie et de l'Afrique. Les Syriens, les Médo-Perses, les Berbères ou Maures, puis les Gaznévides, les Aglabites, les Édrisites, les Turcs Seldjoucides et, après eux, les Turcs Ottomans, régnèrent sur les peuples soumis par les Arabes; mais les Arabes disparurent comme les eaux d'un fleuve débordé se retirent après avoir déposé le limon d'une végétation future, et il ne resta guère d'eux que la loi et la langue.

Où donc les compagnons de Mahomet puisèrent-ils la force d'une impulsion aussi extraordinaire, et comment leurs successeurs la perdirent-ils tout à coup? Pour l'ap-

prendre, il suffit de les suivre à travers leurs rapides trans_
formations. Du Sinaï aux détroits de Bab-el-Mandeb et
d'Ormus, la péninsule triangulaire contenait, lors de
l'apparition de Mahomet, des peuples divers d'origine,
de culte, de langue et de gouvernement. Seulement dans
la partie méridionale, Ptolémée avait compté cinquante-
six peuples différents, cent soixante-six bourgs, ports ou
villes, parmi lesquelles deux métropoles et cinq villes
royales. Dans le centre, le seul Hedjaz avait des villes
telles que la Mecque, Yatreb, Jambo, Djeddah, Tébala,
Tayef, Kandofah et Kaibar, sans parler de celles qui entouraient la mer Rouge. Dans l'Hedjaz et le Nedjed, les
villes et les tribus étaient constituées en républiques. Dans
l'Yémen, l'Oman, l'Hadramaut, l'Hanifa, le Bahraïn et le
Mahrah régnaient des princes. Toutes les religions y
étaient représentées, celle des chrétiens, celle des Hé-
breux, celle des Mages et, avec beaucoup de cultes idolâ-
triques, le culte très ancien dit d'Abraham, qui avait dans
la Kaabà son fameux temple riche de trois cent soixante
idoles, le Panthéon de l'Arabie. Sana, Lot et Hobal rivalisaient avec la Mecque pour l'influence et la vénération
des pèlerins, Yatreb et Médine pour la suprématie commerciale, comme l'Hedjaz rivalisait avec l'Yémen pour la
suprématie politique. Les guerres étaient fréquentes entre
les provinces, les villes et les tribus. Vers l'an 580 de
notre ère, la guerre de Fedjar entre les Havazin et les
Boraschites dura neuf années. Les luttes des partis se
poursuivaient sans cesse sous des formes et dans des

buts divers. Avant de se faire le héraut du Coran, Mahomet avait été le fondateur des Todul, qui veut dire les *honnêtes gens*. La rivalité ou l'émulation formait le fond de la vie arabe : elle opposait les prêtres aux prêtres, les prophètes aux prophètes, les guerriers aux guerriers, les marchands aux marchands. La poésie, en la consacrant, la stimulait. Des joutes de gloire, où l'on se disputait le prix de la magnificence, de la vertu, de la bravoure étaient célébrées dans des poèmes écrits en lettres d'or, qu'on suspendait aux voûtes des temples.

Les assemblées d'Ocah, de Macgina, de Medjaz étaient à la fois des diètes, des marchés et des arènes, où l'on accourait de toutes parts pour couronner le meilleur poète, pour applaudir le plus habile cavalier, pour organiser les caravanes de la Syrie, de la Mésopotamie et des Indes, pour concerter la défense commune contre les Abyssins, les Perses et les empereurs de Constantinople. C'est là que des nombreux dialectes de la péninsule, intelligibles à peine les uns aux autres, on sut extraire le pur langage du Coran, qui fut le premier et l'unique lien dont le Prophète se servit pour réunir tant de peuples jusqu'alors séparés par des constitutions si diverses.

Loin de se perdre, ce germe primitif d'émulation se répandit parmi les peuples rassemblés sous l'unité de loi et l'unité de commandement. Aux compagnons du Prophète, à cet élément populaire de la nouvelle Médine, s'opposa et succéda le vieux parti aristocratique des Koraïschites de la Mecque. Les Ommiades succombèrent sous les Abassides, qui renouvelèrent en eux le type des monarques assyriens. Chaque descendant du sang de Mahomet devint un prétendant dont il fallut se défaire, ainsi que de sa suite et de son armée. Hedgiage fit égorger cent vingt mille rebelles et, à sa mort, les prisons en renfermaient encore cinquante mille. Le Coran, qui eut cent treize commentateurs différents, qui enfanta soixante-treize sectes principales de dissidents, suscita, dès les premières années, dans l'Église commune des doctrines opposées, les unes politico-religieuses, telles que les Sunnites, les Alides et les Calergites; les autres dogmatiques, telles que les Motazalites, les Cadoniens, les Azarakites et les Safriens.

La période ascendante des conquêtes, laquelle n'embrassa guère que soixante-quinze ans, n'était pas encore fermée, que déjà les nationalités réapparaissaient pendant les guerres d'Espagne. L'élément berbère commence à manifester son antagonisme dans l'entreprise de Takia; les légions d'Asie, d'Égypte, de Syrie livrent des combats sanglants aux légions arabes. L'avènement des Ommiades est la conséquence de la prépondérance qu'avait acquise la Syrie; celui des Abassides prouve que la plus grande initiative était passée à l'ancienne Perse. Le caractère scientifique qui distingue cette dernière dynastie vient de la région qui fut autrefois la dépositaire de la sagesse antique. Les astronomes arabes descendent en droite ligne des Chaldéens. Les premiers promoteurs, les plus zélés des études astronomiques furent, en effet, les Barmécides, famille persane très puissante sous le règne de plusieurs califes.

De même que les Antonins, à qui on les a souvent comparés pour leurs lumières et leur générosité, les Abassides essayèrent de contenir leurs domaines démesurés par des lois générales et uniformes, et, de même que les Antonins, ils ne réussirent par cette mesure qu'à en hâter la dissolution. Le grand vizir, le grand juge, le grand chambellan, les grands conseils ou divans furent créés alors, avec une armée d'officiers destinés à représenter le pouvoir du prince sur tous les points de l'Empire. Plus elle se condensait, plus la masse énorme menaçait ruine. Et il ne servit de rien que Raschid fondât la liberté de la science, en consacrant des fonds de mainmorte à assurer l'indépendance et la perpétuité des écoles, ni qu'il reconnût aux Églises chrétienne et israélite un certain droit de parité avec l'islamisme. L'esprit de rivalité des Arabes, qui n'avait pas su trouver son équilibre dans les institutions politiques, dégénéra en anarchie, tandis que la religion, étroitement attachée au pouvoir politique, arrêta toute possibilité de progrès, en superposant un précepte sacré à tout rapport de la vie civile. L'Empire, ayant tari les forces de son impulsion native, continua à se décomposer en se fractionnant successivement en grands États suzerains, en États indépendants, en petites principautés, en califats, en émirats, en sultanies, en cédant la totalité ou partie de la souveraineté effective ou nominale, temporelle ou spirituelle. De sorte qu'au onzième siècle, en moins de deux cents ans, non seulement l'Empire était perdu et, avec lui, toute espèce de souveraineté, mais la nation elle-même était asservie, ce qui ne lui était pas arrivé avant ses triomphes. Les Arabes ne laissèrent d'autre trace de leurs merveilleuses conquêtes que le concept social de l'islamisme, c'est-à-dire l'égalité dans l'asservissement commun des peuples d'Orient et ces fameuses écoles de Bagdad, du Caire, de Ceuta, de Fez et de l'Espagne, destinées à devenir les phares qui, dans une époque postérieure, dissipèrent les ténèbres de l'Occident.

LIVRE III

CAUSES DE LA GRANDEUR ET DE LA DÉCADENCE
DES NATIONS MODERNES

CHAPITRE I.

Parmi la multitude des peuples barbares qui, venus
pour se réchauffer à la flamme déjà pâlissante de la civilisation romaine, faillirent au contraire l'étouffer, il n'a
été donné qu'à un petit nombre de s'organiser, même
pour peu de temps, en grandes nations. L'agglomération
de races diverses en vue d'une entreprise commune, si
elle constitue par elle-même une force puissante qui en
assure le succès, n'a qu'une durée circonscrite par le but
visé, est soumise aux éventualités du pacte qui la lie et
risque, en grossissant, d'être entraînée par le poids de sa
propre masse. Les hordes mêlées de Mongols, de Slaves
et de Germains, sous Attila, sous Genséric, sous Rada-
gaise, sous Odoacre, traversèrent, pareilles à d'irrésistibles
tourbillons, des étendues de terre immenses, depuis le
Danube jusqu'à l'Arno en Italie, jusqu'à Orléans dans les
Gaules et jusqu'à Hippone en Afrique ; mais, à peine
eurent-elles touché ou manqué le but qu'elles s'étaient
proposé, qu'aussitôt, le fil qui les rassemblait étant rompu,
elles se dispersèrent et, pour ainsi parler, s'évanouirent

sans laisser de leur effrayant passage d'autres marques que des ruines.

Durant cinq cents ans, les Germains ne cessèrent d'affluer vers le bord oriental des provinces romaines. Aussi, initiés de bonne heure aux mœurs de Rome, furent-ils les premiers à s'organiser, précédant de bien loin les races slaves dans les voies du progrès fécond et durable.

Comme s'il avait pressenti le péril imminent suspendu sur l'Empire, Tacite a marqué, avec une sagacité admirable, le caractère de ces peuples, qui, s'ils ne détruisirent pas la société romaine, la modifièrent profondément en y pénétrant, en s'y superposant. Des tribus innombrables, ramifiées en branches subalternes, s'alliaient, se séparaient, se combattaient et se réconciliaient avec une égale facilité, après s'être exterminées sans miséricorde : contraste frappant avec les anciens peuples de l'Italie qui s'abstenaient d'ensanglanter le joug dont, pour prix de leur victoire, ils infligeaient la honte à leurs adversaires.

Outre les « cercles » primitifs de nations, il se formait spontanément des groupes d'individus qu'assemblait un lien volontaire aussi tenace que celui de la tribu ou *centena* à laquelle ils appartenaient. Les rois étaient choisis parmi les nobles; les guerriers nommaient leurs chefs; les dignités personnelles se transmettaient par mandat; la force publique et la justice résidaient dans les assemblées populaires. Abhorrant les villes à l'égal des cachots et des tombes, dit Ammien Marcellin, ils habitaient de pe-

tites bourgades. Les champs étaient cultivés en commun
et la population se partageait en trois classes : les meilleurs, les puissants, les bons et ceux qui pouvaient fournir
caution. Mélange de privilèges héréditaires et de droits
électifs, d'aristocratie et de démocratie, de hiérarchie
prescrite et de vasselage volontaire : voilà ce qu'était la
Germanie, une masse compacte, à la voir du dehors, et
cependant variée à l'intérieur et distincte dans ses moindres parties.

Mais le trait le plus essentiel de la race germanique,
celui qui a le plus contribué à modifier la société romaine,
c'est le caractère de sa nationalité, caractère qui a laissé
en partie son empreinte sur les autres pays d'Europe. Ce
n'étaient point des nationalités *territoriales*, nées de la
configuration du sol et identifiées avec des villes congénères, assises elles-mêmes sur des territoires immuables,
divisées en propriétés individuelles et héréditaires; mais,
au contraire, des nationalités exclusivement *personnelles*,
mobiles et complexes, pouvant se transporter en n'importe
quel lieu. Si l'on excepte le code des lois longobardes,
conçues dans le dessein d'amener la fusion des nouveaux
dominateurs avec la nation la plus profondément enracinée
dans ses terres, c'est-à-dire l'Italie, toutes les lois germaniques, visigothes, burgondes, anglo-saxonnes et franques ne
contemplaient que l'État *personnel*, comme si les nations
qu'elles devaient régir n'eussent été que des armées per-
pétuellement en marche, transportant la patrie dans les
plis du drapeau et dans les ordres hiérarchiques, au-delà

des limites que leurs colonies militaires ou *marches* avaient pour mission d'élargir et d'étendre sans fin.

Les Goths, s'étant constitués les soldats de l'Empire d'Occident, prirent sa place dans l'hémicycle qui embrasse les deux mers méditerranées. En Espagne, dans la Gaule maritime et en Italie, on put voir en eux les restaurateurs de la liberté romaine. Leur respect pour les institutions antiques des peuples était si grand, que ceux-ci se crurent plutôt affranchis qu'assujettis par eux. En Italie, la loi de Rome continua à régir les anciens et les nouveaux habitants; en Espagne, elle créa à son image, pour ainsi dire, la loi des Visigoths. L'administration et la juridiction municipales recouvrèrent en partie leur vigueur native. Rien ne le prouve mieux que les lettres de Théodoric au Sénat romain et celles que, au nom du prince, Cassiodore écrivait aux Municipes d'Italie.

Les concessions furent encore plus considérables en Espagne, où la représentation nationale se reconnut dans le concile de Tolède, c'est-à-dire dans la personne des évêques, seuls représentants de fait et de droit des Municipes ibériens. J'aurai plus loin l'occasion de déduire, de cette institution surtout, le caractère sacerdotal particulier à la nation espagnole, mais il importait de mettre ici en évidence la large autonomie laissée par les Goths aux provinces envahies. C'est là sans doute la raison du profond attachement que, selon le témoignage unanime des historiens, ces barbares revêtus de la toge inspirèrent aux populations.

Il ne faut donc pas s'émerveiller si, ayant rejoint les

deux branches de sa nation sur les rives du Rhône, Théodoric réussit sans peine à fonder un grand empire. Mais il était plus facile de suivre cette politique pour s'élever au faîte que pour s'y maintenir. L'étendue des domaines, en même temps qu'elle excitait la jalousie et les alarmes des autres nations germaines ainsi que de l'Empire d'Orient, rendait nécessaires, pour assurer la cohésion de l'État, un gouvernement plus absolu et un régime plus uniforme : mesure dont le résultat inévitable était le mécontentement et la rébellion des sujets. Boèce et Symmaque, le Caton et le Cicéron de cette phase romano-barbare, suivant l'analogie heureuse saisie par Gibbon, furent sacrifiés au besoin de tracer, avec leur sang, la limite extrême de la liberté que le dominateur entendait accorder aux villes soumises. De même que les sectateurs d'opinions politiques opposées à celles du prince, les fauteurs de la religion hostile à la religion de l'État s'exposèrent à des rigueurs inexorables. On persécuta les catholiques afin de laisser le champ libre à l'arianisme et de lui permettre ainsi d'imprimer un caractère nouveau au nouveau royaume.

De ces faits rapprochés ne ressort-il pas avec évidence que le démembrement de l'Empire devait fatalement suivre la mort de Théodoric? La séparation des Goths et les guerres de revanche de Bélisaire, des Burgondes, des Francs ne se firent guère attendre, et l'Espagne seule demeura unie à celle des branches de cette nation qui sut le mieux et le plus sincèrement respecter les droits et les institutions des peuples conquis.

CHAPITRE II.

DES FRANCS.

Les Gaules, partagées entre quarante-quatre peuples
ayant une représentation commune à Bibracte, avaient
résisté dix ans à Jules César, c'est-à-dire au plus grand
des hommes de guerre et à la puissance militaire la plus
formidable qui aient jamais existé. Mais, après que cinq
siècles les eurent unifiées, pliées, nivelées en province
de l'Empire, les Gaules devinrent la proie facile de la
nation sauvage des Francs. D'autre part, si les Francs purent arrêter au pied des Pyrénées le torrent dévastateur
des Sarrasins, qui, sous la main de l'impérieux Abdérame, avaient repris leur premier et irrésistible élan, ils
furent impuissants à refouler les audacieuses invasions
des Normands, qui, de tous les points des îles et des
écueils habités par eux, se précipitaient et se répandaient
partout où les poussait le caprice de chaque branche de
leurs familles sans nombre. Et tel, à peu près, fut aussi
le résultat des guerres soutenues par les Francs pour soumettre les nations consanguines des Saxons et des Longobards.

Organisés selon le dur système des anciennes races teutoniques, libres et éparpillés au fond des forêts, le long des étangs, les Saxons furent plutôt massacrés que vaincus par le triomphant Charlemagne, après des attaques réitérées, tandis qu'il suffit d'une bataille perdue pour dompter les Longobards qu'Astolphe et Didier avaient entassés dans l'enceinte d'un royaume.

Dès les temps d'Honorius, les Francs s'étaient déjà, selon la table de Peutinger, confédérés entre le Rhin, le Mein et le Weser. D'abord quatre tribus seulement entrèrent dans cette libre confédération, puis d'autres suivirent, leur nombre augmentant avec le progrès de ses conquêtes sur les terres ennemies. Le roi, qui en formait le lien le plus visible, ne sortait pas toujours d'une seule tribu ou d'une même famille, comme de celle des Mérovingiens, laquelle appartenait aux Saliens. L'élection le prenait parmi les plus nobles, selon la coutume générale rapportée par Tacite *(ex nobilitate)*, mais elle ne l'élevait au-dessus des chefs des guerriers que dans les choses de la guerre. Nous rappellerons à l'appui l'anecdote du fameux vase de Soissons, réservé par Clovis pour sa propre part de butin, et qu'un des Francs brisa imperturbablement de sa main pour qu'il fût distribué en parties égales aux compagnons du roi. Clovis, malgré son autorité et sa gloire, ne put venger l'outrage fait à la majesté royale qu'en punissant l'audacieux guerrier pour infraction aux lois militaires.

Les interminables conflits entre le monarque et les

leudes, dont les annales des Francs sont remplies, attestent avec quel soin jaloux les chefs des tribus protégeaient leur indépendance, qui renfermait celle de leurs peuples respectifs. Mais rien ne le prouve mieux que l'origine même de la révolution dynastique qui fit passer aux Carlovingiens la couronne de Mérovée. Que la dignité de Maire du palais, qui ouvrit le chemin du trône à la famille de Charles Martel, fût ou non équivalente à celle de Grand Justicier d'Aragon, il est hors de doute que cette haute magistrature fut imposée au monarque par les leudes, comme une garantie de leurs libertés et prérogatives, et que Clotaire II dut jurer de ne pas intervenir dans l'élection de la personne qui en serait investie.

L'indépendance réciproque des diverses branches constitutives de la nation franque ressort de son histoire avec un tel éclat, qu'on ne peut s'empêcher d'y voir le principal élément de sa puissance. C'est dans cette indépendance qu'au lendemain de chaque guerre de conquête viennent se retremper les Francs : méthode invariable qui leur assure des progrès constants. A Clovis succèdent les quatre rois de Metz, de Soissons, d'Orléans et de Paris. Le même fait se reproduit à la mort de Childebert, des deux premiers Clotaire, de Brunehaut, de Dagobert, de Charlemagne et de Charles le Chauve. Dans l'espace de trois cent quatre-vingts années, le royaume ou empire franc se reconstitue huit fois pour se diviser encore et immédiatement en nouvelles fractions. Sur le sol des provinces latines, la monarchie ressuscitée se consolide, se concentre, se pare de la pourpre romaine, puis revient toujours se briser sur les rives du Rhin et y reprendre ses premières formes germaniques, qui lui communiquent une plus grande vitalité.

Un autre élément s'introduisit dans l'empire des Francs : le clergé romain, qui contribua à l'étendre et à le raffermir par la conversion des peuples païens ainsi que des nations chez qui avait prévalu l'arianisme, et que les armes seules n'auraient pu entièrement plier à la nouvelle domination. Ce puissant auxiliaire entra si profondément dans la constitution de la monarchie franque, qu'après avoir sanctionné son avènement dans les Gaules par un décret du concile d'Orléans et contracté alliance avec les leudes, en établissant sa parité avec les chefs des guerriers, l'an 615, dans le concile de Paris, il se rendit, pour ainsi dire, l'arbitre de la couronne elle-même en élevant et déposant le monarque sur les marches de l'autel.

Ainsi se fonda la féodalité ecclésiastique. Grâce à elle, la société romaine, qui s'était réfugiée sous son manteau, put entrer dans le régime du moyen âge sans trop se dénaturer, sur un pied d'égalité avec les Barbares, mais non confondue avec eux. Il n'est donc pas surprenant que la cité épiscopale, notamment dans le nord de l'Europe, ait conduit à la cité de la libre commune, ni que l'indépendance des évêques ait eu pour soutien l'autonomie des populations.

Lorsque la conquête, étendue hors de toute mesure par

Charlemagne, obligea l'autorité royale à se fortifier des droits soustraits aux éléments qui la constituaient ; lorsqu'aux assemblées nationales, qui exprimaient leurs suffrages et rendaient leurs arrêts en toute liberté, on substitua les conseils impériaux ou *Placita* et les tribunaux des scabins ; qu'aux baronnies féodales laïques on imposa l'ingérence et la surveillance continuelle du monarque et qu'on ravit aux peuples les lois et les coutumes anciennes qui les régissaient : alors, l'excès de la servitude universelle rallia les vaincus et les opprimés, leudes et prélats, tribus germaniques et provinces romaines, hommes de toute race, et les poussa en armes l'an 841 dans la plaine de Fontenay, où se disloqua enfin l'empire franc, le concile d'Auxerre ou *Tauriacum* ayant déclaré que l'issue de la bataille était le jugement de Dieu.

Ce jour-là, en effet, dans cette formidable mêlée de peuples accourus de tous les points de l'Europe sombra la vaste monarchie, que le diacre Florus regrettait parce qu'il n'y voyait « qu'un peuple et qu'un roi » ; mais dès ce jour aussi les nations modernes, se renfermant dans leurs frontières naturelles, ayant chacune ses aptitudes particulières et chacune son propre idiome, se tracèrent une voie distincte. La confusion babélique, que les mêmes causes avaient produite, engendra encore une fois les mêmes effets.

CHAPITRE III.

DE L'ALLEMAGNE.

Les Teutons, vers le dixième siècle, prirent peu à peu
pour dénomination commune le nom d'*Allemands*, qui
appartenait en propre à une de leurs tribus les plus centrales, dont la vitalité semblait la plus grande. D'ailleurs, ce nom, qui signifie réunion de peuples, convenait à
merveille aux origines et au développement historique de
cette nation qui, à travers les siècles jusqu'à nos jours, n'a
cessé de se montrer distincte en ses parties, bien que
formant un seul corps.

De même qu'on se sert de troupes fraîches pour rétablir une bataille, se servant tour à tour de l'initiative de
presque toutes les branches de sa vaste famille, des Cattes,
des Chérusques, des Bataves, des Goths, des Bourguignons,
des Francs, des Allemands et des Souabes, des Saxons, des
Bavarois, des Bohêmes et des Autrichiens, des Brande-
bourgeois et des Prussiens, l'Allemagne a vu se déplacer la
direction de l'activité nationale de l'occident à l'orient, du
centre aux points extrêmes de sa périphérie, sans que
jamais la préséance passagère d'un de ces peuples ait

réussi à se transformer en domination absolue sur les autres. Les six grandes nations, en qui s'étaient condensées ses innombrables tribus sous les Carlovingiens, se fractionnèrent à leur tour au point de produire au seizième siècle jusqu'à cinq ou six cents États. La paix de Westphalie les réduisit à trois cents, le Congrès de Vienne à quarante. Aujourd'hui même qu'une nouvelle et toute-puissante direction en a modifié l'économie intérieure, l'Allemagne se trouve encore divisée en plusieurs principautés, en trois royaumes et deux grands empires qui, par l'étendue et l'éloignement des provinces ou par les races différentes qui en font partie, comme la Prusse et l'Autriche aux capitales multiples, conservent le caractère général de la nation.

Le chef militaire, roi ou empereur, et l'assemblée des États ou Diète en ont de tout temps formé le lien. La plus ou moins grande intensité du régime féodal, le progrès des institutions monarchiques ou démocratiques, les révolutions intérieures et les événements généraux de l'Europe ont pu influer sur la création de l'un et la composition de l'autre, mais le caractère en est resté le même : l'élection, condition nécessaire pour le Roi, la souveraineté nationale inhérente à la Diète.

En 1025, toutes les nations en armes échelonnées le long du Rhin proclamèrent Conrad le Salique, suivant l'ancien usage, avec le concours des populations slaves tributaires. Les barons seuls avaient élu Othon Ier à Aix-la-Chapelle et seuls ils prirent part aux élections des princes

souabes et des Hohenstaufen, avec l'assistance des magistrats des communes libres. Plus tard, en 1257, sept princes
puissants s'emparèrent de ce droit et continuèrent à
l'exercer, au moins en apparence, même après l'avènement de la Maison d'Autriche. En 1742, ils osèrent
opposer l'électeur de Bavière à Marie-Thérèse ou à son
époux, François Ier. Récemment, lors du renouvellement
de l'empire d'Allemagne, le rite germanique des élections
a été de nouveau ressuscité par les princes allemands en
faveur de Guillaume de Prusse, vainqueur de la France.

Cette puissance représentative a été souvent suspendue
ou est devenue illusoire par la prépondérance de quelques
familles, qui la confisquèrent à leur profit exclusif; mais
celle qui résidait dans l'assemblée des États, comme elle
résumait l'essence même de la nation, s'est perpétuée,
sinon dans son entière vigueur, du moins dans sa régula-
rité, tout en acceptant le nouvel ordre et les dépla-
cements amenés par la vicissitude des temps. La diète
de Magdebourg, en 1135, soumettait les institutions municipales à l'autorité féodale; trois cents ans après, celle
de Worms, en proclamant la paix universelle, mettait au
ban de l'Empire les barons qui auraient fait injure à la
cité. Aux deux collèges des électeurs et des princes, il
s'en joignit dans la Diète un troisième, lequel, composé
des villes libres, eut une autorité égale à celle des deux
premiers, lorsque les princes n'assistèrent plus en personne à la diète, mais s'y firent représenter par des délégués. Le gouvernement général se concentrait dans cette

Assemblée; c'était elle qui déclarait la guerre, et elle refusait à Frédéric Ier des troupes pour combattre les Hongrois. C'était elle encore qui imposait les lois, qui répartissait les impôts, qui conférait les fiefs et les bénéfices vacants, qui au nombre de ses droits comptait le plus éminent de tous, celui de déposer les empereurs en les renvoyant devant les tribunaux, selon les lois palatines.

Le traité de Westphalie fit disparaître la plupart des villes libres, et les princes qui prirent part à la guerre de Trente ans enlevèrent à l'autorité féodale plusieurs de ses prérogatives, dont ils fortifièrent la leur dans leurs États agrandis. La nation allemande continua néanmoins à être gouvernée et représentée d'abord à Ratisbonne, ensuite à Francfort. Aspirant toujours à une meilleure organisation, elle l'attendit en vain de l'accord spontané de tous les États en 1813 et en 1848. Aujourd'hui même, celle que Berlin a élaborée ne saurait la satisfaire, à cause de la prépondérance excessive de l'un de ses éléments.

La raison des fréquentes et glorieuses rénovations de l'Allemagne réside précisément dans la merveilleuse variété qui multiplie et vivifie ses forces. Tout en elle se subdivise et se diversifie. Au moyen âge, la noblesse s'y développait sur une échelle de sept classes et le peuple de trois. Les barons laïques et ecclésiastiques émanaient de différentes sources: de l'empire et de l'empereur, les uns à vie, les autres héréditaires. Les républiques se distinguaient en villes libres, en villes impériales, en villes d'ordre composite, gouvernées à la fois par le peuple et par les nobles, séparément ou d'accord entre eux. A l'intérieur, les corporations des artisans avec leurs magistrats ; entre les châteaux et les villes, les bourgs que se disputaient les uns et les autres ; au milieu des fiefs, les communes des paysans ; autour des États, les marches frontières, dont la destination était de recruter de nouveaux peuples à la grande patrie allemande. Les lois et les formes de gouvernement étaient partout si disparates que tout récemment, après le Congrès de Vienne, le Wurtemberg conservait, au milieu des monarchies absolues qui l'entouraient, le système représentatif et pouvait répéter à son roi les paroles que l'assemblée de Brunswick adressait à son duc en 1485 : « Quand nous n'avons pas conseillé, nous ne contribuons pas ! » Les croyances religieuses diffèrent non seulement entre les différents États ou entre les provinces d'un même État, mais encore entre les citoyens d'une même ville. Catholiques, hussites, évangélistes selon Luther, évangélistes selon Calvin, anabaptistes et autres confessions remplirent, il est vrai, l'Allemagne de discordes pendant un siècle et demi, mais l'homogénéité nationale n'en fut pas compromise, et l'on vit souvent les catholiques combattre dans les rangs des protestants, et réciproquement, durant le cours des guerres religieuses. Ainsi dans la grande fédération germèrent de tout temps des fédérations partielles, comme les effets d'une même cause : l'histoire d'Allemagne en est tissue d'un bout à l'autre. L'association n'y apparaît pas seulement à l'état de tendance ou de virtualité, mais elle s'y manifeste comme une manière d'être générale et constante, comme le moyen d'atteindre n'importe quel but, et se traduit de plein droit en rapport légal, non seulement entre individus et classes sociales, mais entre communautés constituées et corps politiques.

Les Maisons de Saxe, de Souabe, des Hohenstaufen, du Luxembourg, de la Bohême et les deux Maisons d'Autriche s'élèvent, grandissent et tombent au milieu et à cause des ligues. Les grands feudataires s'allient contre les empereurs, les princes laïques contre les princes ecclésiastiques, les moines et le bas clergé contre les évêques barons, les villes contre les nobles, ceux-ci contre celles-là. Parallèlement aux alliances pour les Croisades en Orient, se forment les ligues des peuples du Mein-Weser et du Rhin, mêlés aux Anglais et aux Flamands, contre les Maures d'Espagne, et de ces mêmes peuples riverains du Rhin contre les Prussiens et les Slaves. Quelques-unes, comme l'ordre Teutonique et celui des chevaliers Porte-Glaive de Livonie, conquièrent de nouvelles provinces, d'autres sont détruites, comme les chevaliers Brigands, que fit pendre Rodolphe Ier, et les Flagellants, qui furent brûlés vifs. On voit ici combattre pour la primauté d'une famille Guelfes et Gibelins, ailleurs, pour la religion, princes et villes sous les différentes enseignes dites de Smalkalde, les unes catholiques, les autres évangélistes, anabaptistes, de la Sainte-Alliance, de l'union protestante et autres encore. Tantôt la nation se divise en deux parties, Autriche et Bohême ; tantôt en trois, avec la Prusse en plus, puis encore en deux, l'Allemagne septentrionale et l'Allemagne méridionale, d'au-delà et d'en-deçà du Mein ; enfin tous les États viennent aboutir à Berlin, à l'exclusion de l'Autriche.

Cependant, les ligues qui méritent d'être le plus remarquées aussi bien pour leur durée, qui fut de trois cents ans, que pour leur puissance et pour le progrès moral dont elles furent la source en Allemagne, ce sont les ligues des villes libres. Le long du Rhin, à partir des anciennes Alpes Rhétiques, les Romains opposèrent aux peuples germaniques qui s'y pressaient une barrière, que renforçaient par intervalles des colonies et des villes telles que Ratisbonne, Habsbourg, Spire, Passau, Salzbourg, des camps de vétérans, les *decumates agri*, et d'autres villes telles que Metz, Magonce, Aix-la-Chapelle, Trèves, cette Rome du Nord, et enfin les deux colonies d'Agricola et de Trajan.

Ces citadelles, érigées pour contenir l'océan des Barbares, devinrent les foyers où les durs Teutons dépouillèrent peu à peu leur sauvage écorce et, à l'aide du temps, se façonnèrent à la vie sociale et aux institutions bienfaisantes du monde romain. C'est de la Souabe et des cités rhénanes, base antique des grands empires et berceau des lettres, que partit encore une fois le signal du salut à la chute des Hohenstaufen, alors que partout en Allemagne régnaient la violence et la confusion, nulle part l'esprit de civilisation et le droit. La paix publique, la défense des

citoyens, la protection des serfs, la sécurité du commerce
et de l'industrie, le développement des arts, des lettres et
des sciences : voilà le but et la raison d'être de la Ligue
rhénane qui comprenait soixante-dix villes, et de la grande
Ligue hanséatique qui se partagea plus tard en quatre
collèges. La pompe des grands tournois donnés par l'empereur et les fastueux étalages des barons et des prélats
disparurent, il est vrai, mais aussi et en même temps les
assassinats légaux des bourgeois, le sac des villes, les
péages forcés, les pillages et les brigandages de tout genre.
Huit cents vaisseaux sillonnaient le Rhin, répandant sur
ses deux rives la richesse et l'animation. Des ports du
Nord et de la Baltique, des flottes de navires mettaient à la
voile pour tous les points des continents septentrionaux.
Démembrée et affaiblie par l'ambition des césars et des
princes, l'Allemagne se reconstituait par l'initiative et l'indomptable virilité de ses villes. Si celles-ci ne parvinrent
pas à la grandeur et à la liberté des villes italiennes qui
les avaient précédées, si elles n'atteignirent pas à la complète indépendance des villes helvétiques, auxquelles elles
avaient servi d'exemple, elles eurent du moins la gloire de
rétablir la justice dans le pays et d'en accroître l'activité.
En outre, elles transportèrent au Nord, où elle devint un
bienfait et un élément de civilisation, la prépondérance
qui aurait été fatale dans le Midi, si les empereurs avaient
réussi à l'y affermir.

La grande Hanse teutonique régla la navigation des mers
du Nord et imposa son influence à la Suède, au Dane-

mark et à la naissante Russie. Elle signait un traité de paix perpétuelle avec le Danemark en 1361, « avec le roi, avec les princes, avec les négociants et les bourgeois » : ce qui ne l'empêcha pas d'arracher à ce royaume le Schleswig, au commencement du seizième siècle. Cent ans plus tard, la puissance de la Ligue se maintenait encore à une telle hauteur qu'elle stipulait avec la France un traité de commerce et obtenait d'elle des conditions privilégiées. La Ligue rhénane et celles de la Franconie et de la Souabe qu'elle engendra, unique refuge contre l'oppression exorbitante des barons et contre le chaos féodal, soutinrent la lutte avec tant de vigueur que la diète de Worms sanctionna leur victoire, en mettant au ban de l'Empire tout vassal qui se serait fait justice par lui-même, et la paix perpétuelle fut proclamée. Ces ligues acquirent un tel crédit, que la diète d'Ulm maintint à la diète de Souabe son armée de dix mille hommes, et la puissance des villes grandit à tel point que les nobles, et les rois eux-mêmes, sollicitèrent le titre de *bourgeois*. Quelques-unes d'entre elles, même isolées, comme Strasbourg et Magdebourg, soutinrent des guerres contre les plus grands princes de l'Empire, contre les empereurs eux-mêmes, et furent traitées en alliées par la France et les cours du Nord. Elles ne réussirent pas, il est vrai, à prolonger la république helvétique jusqu'au centre de l'Allemagne, ayant été battues à Doffingen, mais elles empêchèrent la monarchie héréditaire de la Maison d'Autriche de s'implanter dans tout l'empire, en fournissant la force des armées aux villes hanséatiques, et la force non moins efficace de l'or à la Ligue de Smalkalde contre Charles-Quint, puis à la Ligue des protestants. Elles ne réussirent pas non plus à conserver leur indépendance après la paix de Westphalie. Si elles échappèrent aux garnisons impériales, elles furent annexées aux États princiers ; mais elles contribuèrent à garder à l'Allemagne son caractère, ses autonomies distinctes, condition essentielle de ses transformations progressives.

L'esprit de l'époque inclinait vers la monarchie et la forme du gouvernement devait nécessairement changer ; toutefois le type général, l'empreinte nationale, l'organisation constitutive de la race persistait au seizième siècle et persista dans les siècles qui suivirent comme au douzième et au treizième. Qui pourrait maintenant s'étonner que les monarques de cette nation, où tant d'éléments vitaux mêlaient leur force exubérante, aient eu l'ambition de renouveler le grand empire de Charlemagne et prétendu à la haute souveraineté de Rome antique sur les peuples ? Néanmoins, à peine ce superbe projet se fut-il traduit en acte, et parut-il près de s'accomplir, qu'empereurs et empires croulèrent aussitôt, renversés par les forces mêmes qui les avaient élevés. Les autonomies formées par la nation s'égrenaient et les peuples subjugués s'insurgeaient. Trois puissantes dynasties recommencent, en moins de trois siècles, cette œuvre gigantesque, et toutes les trois, l'une après l'autre, tombent foudroyées sur la cime du mont où elles apparaissaient triomphantes. C'est un

des rares cas où l'histoire se reproduit presque identique-
ment. A la grandeur d'Othon Ier succèdent la fuite
d'Othon II, battu par les Grecs et les Sarrasins, puis la
mort violente d'Othon III, assassiné à Rome ; la puissance
de Henri III est suivie de la fin misérable de Henri IV;
Frédéric Ier est cruellement puni dans la personne de
Henri VI et de Frédéric II et jusque dans ses derniers
neveux.

Dans le but de concentrer en leurs familles et d'y
perpétuer par la voie héréditaire le pouvoir royal uni à la
dignité impériale, les empereurs saxons et souabes rivalisèrent d'efforts pour détruire les grands fiefs. Contre cet
ennemi qui se dressait toujours devant eux, ils élevèrent
les fiefs ecclésiastiques, les prérogatives des évêques et
des abbés, plus faciles à dominer et à révoquer à une
époque où le sceptre avait la prétention de conférer la
crosse ; ils imaginèrent toutes sortes de combinaisons et
de prétextes, des mariages et des procès de félonie pour
hériter de ces fiefs, pour s'en emparer, pour les réduire
en morceaux; et, après l'échec de toutes ces tentatives
obliques, ils soutinrent des guerres acharnées, impi-
toyables, interminables. Alors les barons, afin de prouver
qu'ils sont sortis vainqueurs de la lutte, s'intitulent orgueil-
leusement, sous Henri V, comtes et ducs « par la grâce
de Dieu », et, de même qu'ils avaient déposé Henri IV,
ils déposent Frédéric II. Plus tard, ils déposeront Albert
de Nassau et tailleront en pièces l'armée d'Albert Ier, seulement parce que ceux-ci avaient osé s'approprier, moyen-

nant finance, des fiefs dont les héritiers existaient encore.

Pour agrandir leurs royaumes, ils étendirent leurs conquêtes sur le territoire des Danois, des Slaves, des Hongrois ; seulement, après chaque invasion, Hongrois, Slaves et Danois revinrent périodiquement occuper le nord et ensanglanter l'est de l'Allemagne. Impossible d'être empereur et de ne pas descendre en Italie ; mais autant de descentes, autant de chutes : Milan, Rome, les Pouilles et, derechef. Rome, Milan, enfin toutes les villes de la péninsule mettent et remettent en déroute, frappent et tuent les nouveaux césars, toujours plus ardents à ceindre une couronne qui devait attirer sur eux l'hostilité de la terre entière.

La foi chrétienne avait séparé l'homme en deux moitiés, dont la plus noble dépendait des pontifes. Comment se résigner à une souveraineté partielle ? Ils se mirent à faire et à défaire papes, évêques et abbés ; mais les papes surent les courber jusqu'à terre : ils les humilièrent, les déposèrent, leur dénièrent la paix du sépulcre ; ils allèrent jusqu'à faire refuser à l'un d'eux, Henri IV, une place de chantre dans l'église de Liège !

Le concordat de Worms ne servit de rien, non plus que les concessions de Frédéric Ier au sujet d'Arnaud de Brescia : à Venise, la toute-puissance ecclésiastique voulut être reconnue sans restrictions, et elle le fut par Rodolphe d'Habsbourg et par ses successeurs, de telle sorte que quelques-uns d'entre eux y gagnèrent le titre de « empereur des prêtres ».

Ayant vendu le dernier comté du royaume de Bourgogne, perdu la Suisse, le Brabant et le Luxembourg, renoncé à tous droits sur l'Italie, les empereurs furent réduits à être les moins puissants des princes de l'Empire et leur couronne passa sur le front des rois de la Hongrie et de la Bohême, nations autrefois tributaires. Elle fut même offerte, cette couronne impériale, aux étrangers, à des princes espagnols, anglais, français. Elle finit par revenir à la Maison d'Autriche, dont les parentés et les mariages avaient fait le plus bel apanage de l'Europe. Aussitôt, Maximilien Ier prépare de nouveau le terrain à la monarchie absolue et héréditaire : il confisque, dans ses États autrichiens, le pouvoir suprême de la justice et transforme la Chambre impériale, essentiellement fédérale, en Chambre aulique dévouée à la personne de l'empereur. Si un monarque pouvait réaliser cet ambitieux projet, qui échouait toujours, c'était assurément Charles-Quint, le plus heureux, le plus puissant et surtout le plus riche des césars d'Allemagne. Il arriva cependant que ce grand prince, qui avait fait prisonnier le chevaleresque roi de France, faillit tomber lui-même entre les mains de ses sujets rebelles. Sa puissance expira contre cette succession de ligues de princes et de ligues de villes que termina le traité de Westphalie, dans lequel on ne sait trop si c'est la liberté de conscience ou l'indépendance des États allemands qui triompha. Quoi qu'il en soit, l'Empire est définitivement mort. En vain Rome fut-elle prise en son nom, comme si la conquête de Rome était un droit attaché à la pourpre germanique. La société européenne déjà constituée le repousse, lui et ses successeurs, de même que la société chrétienne avait renversé les héritiers d'Othon, de Conrad le Salique et de Frédéric Barberousse. Si l'Allemagne a survécu aux nombreuses tentatives de ses empereurs pour parvenir à la monarchie universelle, elle le doit à son organisme formé tout entier de fédérations.

La vitalité de la race germaine, toujours renaissante après tant de catastrophes, réside dans sa tendance à l'association, tendance innée, générale, perpétuelle, qui forme son vrai caractère, bien plus que la liberté individuelle invoquée par un si grand nombre d'écrivains, laquelle est commune à d'autres races et, l'on peut dire, à l'humanité entière. Cette empreinte reparaît dans toutes les révolutions de l'Allemagne et la durée de toutes ses institutions n'est due qu'à cette même cause. S'il en était autrement, la réforme religieuse serait restée une doctrine suivie de quelques adeptes, au lieu de devenir une Église ou des Églises militantes. Il n'y a rien dans l'histoire de ce pays, sans en excepter l'Empire même, qui n'ait été le résultat d'une association de forces distinctes, association correspondante à l'unité qui, ailleurs, déroule d'en haut et ramifie ses forces ; mais ici une fois brisée, la puissance suprême est pour toujours détruite, tandis que là, représentant le faisceau social et reposant sur des bases multiples, elle dure aussi longtemps qu'elle respecte l'universalité des éléments dont elle est l'émanation.

CHAPITRE IV.

Quand l'Empire, transporté à Byzance, se fut drapé
dans la pourpre des monarchies orientales, l'Italie parut
tout à coup abandonnée de l'esprit qui l'animait. Le souffle
de vie s'éteignait en elle, et l'on pourrait appliquer à la
nation entière la forte expression de saint Ambroise, qui,
au quatrième siècle, retraçant la situation de Modène et
de Bologne, les appelait des « cités-cadavres ». Vainement
le despotisme, toujours aveugle et forgeant lui-même les
fers dont il s'enchaîne, essaya de ramener dans ce pays
l'ancienne vigueur : ses efforts n'aboutirent pas. Des curies
municipales devenues les repaires du fisc, et des campagnes, d'où l'on avait banni la liberté du travail, la stérilité
s'étendit jusqu'au lit conjugal, autour duquel on multi-
plia en vain les privilèges : les berceaux restèrent vides.

Dans ce désert, les portes étaient ouvertes à la destruc-
tion, et elle s'y précipita de tous côtés avec Genséric,
Attila, Alaric, les Hérules, les Ostrogoths, les Longobards.

Pas une seule des innombrables hordes germaniques
et slaves n'eut garde de manquer à cette œuvre suprême

d'extermination. Se croisant, se repoussant, se superposant, ces multitudes de Barbares se répandirent, comme des torrents de lave dévorante, sur le vieux sol de l'Italie, qu'ils bouleversèrent jusque dans ses fondements, sans pourtant réussir à se l'approprier.

Sur les bords du Tibre, la résistance expirait avec Symmaque, Boèce et Jean Ier. Les Municipes les plus illustres, les villes depuis hier rivales de Rome, Milan, Ravenne, Pavie, traînaient l'existence de ceux dont la vie s'éteint et qui n'ont plus que des mouvements automatiques. Affranchies du joug de l'Empire oriental, elles étaient retombées sous celui des peuples septentrionaux.

Les Longobards, qui, de toutes les tribus germaniques, étaient la moins nombreuse, mais aussi la plus noble, à ce qu'affirme Tacite, tandis que Lactance prétend qu'ils n'en étaient que la plus féroce, extorquaient, après s'être emparés de la plus grande partie des terres, le tiers des petits revenus. Les Grecs volaient et enlevaient tout ce qui pouvait être transporté. Les uns et les autres rivalisaient de cruauté avec les Sarrasins; les massacres étaient aussi fréquents à Ravenne que sur les côtes de la Pouille. Nul, parmi les anciens habitants du pays, n'avait, ainsi que le remarque et le déplore saint Grégoire le Grand, gardé la dignité de citoyen.

Les conquêtes, cependant, continuaient et se succédaient au milieu des plus épaisses ténèbres : dans le siège même de l'Exarchat, on ne trouvait presque plus personne qui sût traduire le grec, et, à Rome, les écoles de jurisprudence, où se pressaient encore les auditeurs au sixième siècle, étaient complètement abandonnées. Les gestes des Longobards, des exarques et des ducs grecs avaient une histoire; l'Italie n'en avait plus.

Cependant, de ce profond sépulcre sur lequel pesaient si lourdement tant de peuples étrangers, du milieu des ruines amoncelées par trois siècles et des débris mêmes de son ancienne existence, la nation indestructible, se ranimant soudain au commencement du huitième siècle, releva la tête à Rome, qui chassa la garnison de l'empereur grec et reconquit la liberté.

Non seulement les Longobards avaient été impuissants à réunir sous leur domination toute l'Italie — une grande partie du centre et la plus grande partie du midi ne leur furent jamais soumises, même aux heures les plus glorieuses des règnes de Luitprand et d'Astolfe — mais, dès leur arrivée dans la péninsule, ils avaient cherché à établir entre eux toutes sortes de distinctions et de hiérarchies. Tandis que le duc du Frioul se regardait presque comme indépendant du souverain, les ducs de Spolète et de Bénévent se rapprochaient de Rome jusqu'à partager ses nouvelles aspirations. Le vrai royaume longobard eut pour limites l'Austrie et la Neustrie de la vallée du Pô : toute correspondance et échange de messages avec Rome, Ravenne, Spolète, Bénévent, ainsi qu'avec la France, la Bavière et l'Allemagne, étaient expressément défendus par le roi Ratchis. Et quand la ville de Rome et les provinces de l'Exarchat, de la Pentapole et de l'Étrurie romaine firent appel aux Francs, ce ne fut pas sans la connivence d'un certain nombre de barons longobards de la haute Italie, peut-être même des ducs de Bénévent et de Spolète.

Maintenant, quelle est la cause qui empêcha les Longobards de s'organiser à la façon des Francs, des Bourguignons, des Visigoths d'Espagne et, plus tard, des Allemands? Pourquoi ne se constituèrent-ils pas comme ces peuples, qui tous étaient de leur race, avec des lois fixes et générales? Pourquoi, non seulement l'élection du roi ne se maintint-elle pas dans la même famille, mais la succession des ducs se régla-t-elle différemment dans le Frioul, où le plus puissant d'entre eux s'emparait ouvertement de la couronne par la force; à Bénévent, où le duc régnant désignait son successeur; à Spolète, où l'élection se faisait équitablement dans l'assemblée des seigneurs? Grimoald, Luitprand et Ratchis, dans les prologues des lois qu'ils édictaient, déclarent les avoir faites avec le consentement des ducs; Rotharis et Astolfe, au contraire, promulguent les leurs exclusivement par la force, au nom de l'autorité royale.

Le sentiment d'équité, si justement admiré, qui inspira ces lois, le mérite d'avoir précédé les législations des autres peuples barbares, ainsi que celui de la précision et de la netteté dans les rescrits des princes de leur Maison, les Longobards en sont-ils redevables au degré éminent de leur civilisation, eux dont les rois, naguère encore, du temps du père d'Alboin, prenaient pour trône la table des banquets? Ne les doivent-ils pas plutôt aux facultés non encore abolies, inhérentes au sol où ils s'étaient transplantés, et qu'imprégnait l'esprit de la législation romaine?

On fait également honneur aux lois lombardes d'avoir étendu la responsabilité aux intentions; mais il n'y a là que l'application de la doctrine du christianisme, qui dans les œuvres ne contemple que la volonté. D'ailleurs, faut-il voir un progrès réel dans cette substitution du jugement des intentions, qu'il est si difficile de démêler et d'apprécier, à l'examen de l'acte extérieur, qu'on peut toujours mesurer avec exactitude?

Ce qui appartient en propre aux Longobards, c'est la monstrueuse organisation de l'aristocratie. Grâce à elle, un fouillis inextricable de souverainetés subalternes s'étend sur la société des hommes et sur la propriété des choses, s'y accroche, les enveloppe, les confond de telle sorte que toutes les deux changent de nature, que la terre ennoblit l'homme et que l'homme devient le troupeau inséparable de la terre. Chaque tribu de souche germanique portait avec elle ce germe du régime féodal, mais ce sont les Longobards qui les premiers, en Italie, ont greffé sur le sol la hiérarchie personnelle. Voyez cependant quels résultats ont produits les conditions spéciales de cette nation, et combien différents de ceux des autres contrées envahies par la féodalité!

Le territoire, semé plus que tout autre en Europe de centres d'habitation, reçut ces institutions comme une

ruche dont les compartiments, fixes et distincts, semblaient faits exprès pour les loger. Mais durant le travail de
l'incubation, qui fut lente et obscure, le fief du leude germanique, successeur de la curie romaine, se transforma à
son tour en un corps territorial et juridique armé de toute
la puissance de l'ancien municipe. Le lien, qui s'abaissait
et remontait sans cesse entre les ducs, les comtes,
les barons de différentes classes, les citadins et les cam-
pagnards, s'usait et se rompait au seuil des villes, au pied
des tours des châteaux et même des clochers récents des
bourgs. Jusque dans le royaume de Naples, c'est-à-dire
dans la contrée qui devait par la suite être habituelle-
ment la plus unie, de soudains conflits s'élevèrent pour
l'émancipation des duchés de Bénévent, de Capoue, de
Salerne et d'autres encore.

Ce fait irrésistible éclate avec une telle évidence que,
en 1026, Conrad le Salique est contraint de déclarer,
dans les champs de Roncaglia, que les liens de dépen-
dance hiérarchique n'existent plus en Italie, tandis qu'ailleurs ils continuent à nouer le faisceau féodal qui constituait toutes les nationalités d'origine germaine ou
absorbées par les Germains. Les seigneuries restent, mais
la souveraineté étrangère a disparu. Un siècle plus tard,
les seigneuries deviennent des républiques, en passant
par l'âge de l'épiscopat et des municipes, dont les évêques
avaient été les défenseurs légaux dans les derniers temps
de l'Empire. L'épiscopat était une représentation mixte
de la féodalité, avec laquelle il avait contracté alliance

et consacré ainsi la force par l'autorité morale qui n'appartenait qu'à lui.

Sous les Carlovingiens, les villes de la Lombardie, de la Vénétie, du Piémont, des Romagnes et des Marches avaient pour gouverneurs des évêques : l'évêque de Vercelli et les abbés de Certola et de Corbeja étaient les ministres de l'empereur. Le synode des évêques de Pavie, en l'an 890, nommait roi d'Italie Guy, duc de Spolète, et lui imposait une constitution qui protégeait les citoyens contre les violences des barons.

Dans la lutte entre Ardouin d'Yvrée et Henri II, les évêques lombards secondèrent l'ambition du premier, tandis que les évêques vénitiens et toscans soutinrent les prétentions de l'autre, de même que l'abbé de Nonantola, dans un autre temps, avait favorisé la victoire de Charlemagne sur Didier.

L'aristocratie ecclésiastique succédait de cette manière à l'aristocratie laïque, comme pour préluder à l'émancipation complète des villes. Le grand nombre des évêques, correspondant en Italie au nombre considérable de ses municipes, y avait empêché la formation des vastes baronnies ecclésiastiques des Gaules et de l'Allemagne ; car la puissance des archevêques de Milan et de Ravenne fut de courte durée. Aussi, quand sonna l'heure où, se ressouvenant de la liberté antique et de la gloire des lieux de leur naissance, les peuples, pareils à celui qui sort d'une longue et triste minorité, voulurent rentrer dans l'héritage de leurs aïeux, ils ne rencontrèrent qu'une courte résistance dans une caste qui se recrutait dans leurs rangs.

Toutefois, avant que la nation reprît l'organisation intérieure qui lui était indiquée par ses traditions, par son génie et par les vicissitudes des dernières années, il lui fallait reconstituer autour d'elle la société européenne toute bouleversée encore par des orages aussi terribles que fréquents. C'est ce qu'elle accomplit l'an 800, en ressaisissant, dans les ténèbres où il flottait indistinct, le fil de la tradition romaine, comme si ce fil eût été la chaîne d'or qu'Homère voyait descendre de l'Olympe sur la terre.

La religion, cette fois, et non plus la conquête par les armes, unit le faisceau social : ce fut la république chrétienne qui remplaça la république ou l'empire latin. L'une des attributions essentielles de l'autorité souveraine à Rome, depuis Auguste, ayant par extraordinaire prévalu, l'autorité se partagea. Le pontife se sépara de l'empereur, tandis que la puissance tribunitienne attendit, pour se ramifier dans chacune des parties du nouveau corps social, que l'autonomie des nations se dessinât davantage. Pénétré par le dogme chrétien, qui en avait si fort agrandi le domaine, l'esprit humain eut dès lors une sphère d'action qui n'était point l'État et un maître qui n'était point le prince, mais qui néanmoins le dirigea, même en dehors de l'ordre politique, grâce à la sûreté de sa doctrine.

Le prestige acquis à Rome par le long empire qu'elle avait exercé sur l'univers, la somme des connaissances humaines, notamment des connaissances juridiques, que la métropole du monde avait conservées en même temps que le mécanisme des grandes administrations, donnèrent à la papauté, dont elle était devenue le siège, une puissance jusque-là inconnue au sacerdoce. L'Empire, qui, représentant toujours l'union des races, centralisait leurs rapports et s'imposait à l'intérêt de tous, comme le gardien du droit et de la loi commune, l'Empire fut confié par Rome au peuple franc, le mieux organisé, le plus puissant, le seul propre à garantir l'Europe contre les invasions des Sarrasins, qu'il avait arrêtés déjà dans leur marche triomphale aux frontières de l'Espagne. Si, en mûrissant pour la civilisation, la société rompit souvent, relàcha et supprima enfin tout à fait celui des deux liens qu'avait tissu la force, elle maintint l'autre d'abord comme l'unique symbole, puis comme le gage et l'exemple de l'indépendance de l'esprit humain.

L'Italie, particulièrement, se servit de la papauté et de l'empire pour conserver au dehors son ascendant et à l'intérieur sa liberté. Elle provoqua entre ces deux puissances gigantesques, créées par elle, des chocs et des rencontres qui devaient bouleverser le monde, mais en même temps niveler et reconsolider ses propres fondements. Les successeurs de Charlemagne, sans arrêter les progrès latents ni modifier le régime intérieur de l'Italie, y ramenèrent la dignité impériale, sentant bien que celle-ci ne pouvait reverdir et prospérer que sur le sol où elle avait pris naissance. Ainsi firent également les successeurs d'Othon et de Frédéric. De sorte que, après l'extinction de la race carlovingienne, des princes italiens, tels que Guy de Spolète et Bérenger, purent se croire directement investis du titre de césars, puisque c'était au sein de leur nation que se trouvait la couronne impériale.

Cependant la lutte, un instant apaisée, se ranima, plus âpre que jamais, entre l'Allemagne et l'Italie, entre l'ancienne et la nouvelle race. Car, en dehors de la famille slave, c'est entre ces deux races que se partagent toujours les populations de l'Europe, les unes acclimatées au soleil latin, les autres agitées encore par la formidable poussée des multitudes barbares à travers le monde romain.

Durant ce long antagonisme, l'Allemagne semble s'être prévalue du progrès des institutions politiques et religieuses, des sciences et des lettres, de la civilisation qu'elle devait à son contact avec l'Italie, non pour l'égaler, mais pour l'assujettir. Devenue maintes fois romaine, elle aspirait à l'asservissement de Rome. « Votre Rome, disait Frédéric Ier aux ambassadeurs romains, votre Rome est à nous. » La nation germanique, dont la grandeur tenait autant à l'extension de son territoire qu'à son inépuisable activité, aspirait moins ardemment à atteindre les mers méditerranéennes, entrepôt général du commerce, qu'à régner dans le centre de l'autorité religieuse et de la force civilisatrice des âges modernes. Impuissante à créer une œuvre équivalente à l'œuvre qui la fascinait, elle s'efforçait de se l'approprier en l'absorbant. Si ses efforts avaient réussi, les Allemands seraient devenus les Mongols et les Mantchoux de l'Europe, puisqu'ils ne pouvaient que maintenir fixe et immobile le degré de civilisation auquel on s'était jusqu'alors élevé.

Ainsi donc, la lutte ancienne commencée par Marius, continuée par Drusus et tous les empereurs de Rome contre les sauvages Germains, fut reprise par l'Italie contre les Othon, les Henri et les Frédéric, chrétiens et à demi Romains, qui se proclamaient les héritiers de la couronne octroyée à Charlemagne. Rome, la Pouille et Venise se soulevèrent contre la dynastie saxonne; la Toscane, le Piémont et la Lombardie contre la première Maison de Souabe, et l'Italie entière contre les Hohenstaufen. Dans la première période, on combattit pour la suprématie, et les papes de sang allemand prirent parti pour les empereurs; dans la deuxième, on combattit pour l'indépendance du culte, et les papes se renfermèrent dans leur rôle religieux; dans la troisième, on lutta pour la liberté de la nation, et les papes furent avec l'Italie.

Ce conflit trois fois séculaire laissa dans ce pays des traces durables sous la dénomination de parti guelfe et de parti gibelin, dont le sens a varié selon les temps. Tel empereur — Charles IV — soutint les Guelfes, et tel pape — Nicolas III — se rangea parmi les Gibelins contre Charles d'Anjou. Grégoire X, le grand pacificateur de l'Europe, réconcilia dans toute l'étendue de la péninsule les deux partis et les réunit, en 1531, pour les opposer au vicaire impérial, Jean de Bohême. Ils perdirent une bataille, mais ils n'en sauvèrent pas moins l'indépendance italienne. En résumé, les noms de Gibelins et de Guelfes signifièrent moins adhésion ou hostilité à l'Empire, dès que celui-ci fut repoussé au-delà des Alpes, qu'ils ne désignèrent les factions des nobles et du peuple : gibelines, les seigneuries ; guelfes, les républiques. Et, comme les papes se rapprochaient le plus souvent de ces dernières, de là vint le cri historique : *Chiesa e popolo,* église et peuple. Le pays où s'implanta cette résistance si acharnée et si opiniâtre contre les césars allemands, se refusa également au frein, bien que plus accommodé à sa nature, des princes nationaux tels que les deux Bérenger, Guy de Spolète, Ardouin d'Yvrée. Plus tard, il ne sut pas davantage se plier sous d'autres, ou plus glorieux ou rattachés à la nation par des liens plus étroits. L'union que ceux qui voulaient dominer l'Italie ne parvenaient pas à effectuer, se faisait d'elle-même contre eux, compacte et soudaine, qu'ils vinssent de ce côté-là des Alpes ou qu'ils surgissent de ce côté-ci.

Soixante mille soldats, rangés déjà en ordre de bataille devant Othon Ier, rompirent leurs rangs et se débandèrent à Trente, parce que Bérenger ne consentit pas à abdiquer en faveur de son fils, moins opposé que lui aux franchises des barons et des villes de la haute Italie et du Midi, qui s'étaient détachées de Frédéric II, né pourtant parmi elles et à qui elles devaient l'institution des lettres et des arts. Les États républicains, de concert avec les principautés, s'insurgèrent contre Jean Galéas Visconti, contre Robert de Naples, contre les ducs d'Este, les seigneurs de Montferrat et les familles papales, dont l'ambition convoitait de trop vastes royaumes. On le voit: l'idée qui préside au développement italien demeure la même et s'affirme partout par des manifestations identiques. Un champ d'épis qui, semés sur une longue étendue, blondissent au soleil, tandis que, rassemblés en tas, ils ne tarderaient pas à se flétrir : telle fut et telle se maintint l'Italie jusqu'au seizième siècle, avec les baronnies féodales, avec les cités, enfin avec les États.

On chercherait en vain dans son histoire une institution stable, une dignité, un centre sur lequel repose la représentation ou la direction nationale. Aussitôt après le neuvième siècle, il n'y a plus de roi, car l'empereur et celui qui par son titre de roi des Romains est désigné à l'empire, ne procèdent que du droit universel et européen.

Il n'y a pas eu non plus une capitale unique, et, après la formation des États, les capitales partielles s'attirèrent, de la part des villes assujetties, une hostilité égale à celle qu'y avaient provoquée les ambitions d'un seul et vaste royaume. Quant aux parlements et aux diètes, la seule nation qui n'en eût jamais, ce fut sans doute l'Italie. Une seule fois, en 1267, les délégués de la Lombardie, du Piémont et des Romagnes s'assemblèrent à Crémone pour repousser la proposition de Charles d'Anjou tendant à les ranger sous son pouvoir. Aucune loi expresse, aucun pacte explicite qui s'imposât à la nation entière, si ce n'est une tradition à laquelle on avait de tout temps obéi et qui se résumait en ces deux aphorismes : un puissant monarque étranger ne doit pas régner sur les Pouilles et la Sicile, ni un État de la péninsule établir sa prépondérance sur tous les autres. Les Souabes et Charles VIII furent chassés en vertu de la première de ces maximes, et les princes italiens apprirent tour à tour, à leurs dépens, ce qu'il en coûtait de violer la seconde.

A la direction d'un pouvoir central qui fait défaut, supplée une impulsion spontanée qui, selon les temps et les circonstances, pousse la nation dans la voie du salut et du progrès. Cette impulsion produit tantôt la transformation des fiefs en municipes ou communes, tantôt la liberté de l'Église et, par elle, sous le pontificat de Grégoire VII, toutes les libertés de l'esprit, tantôt l'indépendance envers l'Empire. Elle créa dans la suite l'ère des républiques qui, avec la prédominance des villes sur les bourgs et les donjons, amena le triomphe de la démocratie urbaine sur la noblesse des châteaux. Plus tard, cette même impulsion contre-balance, avec Cosme de Médicis, la puissance des Visconti, des Angevins, des Sforza, des Barberini, par la pondération entre les différents États; de même qu'à l'heure douloureuse des interventions étrangères, elle établit, pour s'en défendre, l'équilibre entre les grandes puissances avec Sforza, avec Venise, avec Jules II et Urbain VIII. C'est alors que la diplomatie prend naissance dans cette lutte nouvelle, inaugurée par l'Italie, de la sagesse et de la longaminité contre la force et ses excès.

Quand le but a été atteint, l'instrument dont on s'est servi pour l'atteindre, ainsi que la formule dans laquelle on l'a résumé, sont remplacés par de nouveaux moyens et de nouvelles dénominations correspondant à d'autres besoins et à des faits nouveaux. L'héritière de la civilisation latine se montre aussi constante dans le développement de ses rapports généraux avec la société, qu'elle est variée dans les modes de son développement intérieur.

Chez aucune autre nation, ancienne ou moderne, on ne vit pareille absence d'un lien visible servant à la manifester dans son ensemble aux autres nations et à la contenir elle-même. La Grèce, qui semblait en être la moins chargée, avait cependant les Amphictyonies, des fêtes solennelles et des jeux, qui réunissaient ses peuples à des périodes fixes et régulières. Chacune de ses parties ou provinces avait son existence réglée par les prescriptions d'un pacte permanent, et chaque hégémonie ou dictature d'un élément national ne s'élevait qu'à son tour et par l'isolement de cet élément d'avec tous les autres.

Rien de tout cela en Italie. On n'y rencontre pas la moindre trace d'une fédération générale ou partielle, dans le sens vulgairement attribué à ce mot, à moins que l'on ne veuille faire exception pour celle des princes de la Pouille, ou, pour mieux dire, des Normands dont Amalfi était le siège, et qui dura si peu. L'Italie est, au contraire, le pays des Ligues. Mais cette dénomination est relativement récente, puisque les plus glorieuses d'entre elles portèrent les noms d'Association lombarde et de *Taglia* toscane.

C'est, en effet, par des agrégations proportionnées à l'importance de l'œuvre à entreprendre que, comme dans les associations privées, les peuples italiens procédèrent, avec un but déterminé et par un mutuel consentement, dans leurs révolutions et dans leurs guerres de conquête ou de défense. Tantôt la plus grande partie de la nation se réunisssait contre l'étranger; tantôt deux ou plusieurs villes se mettaient d'accord pour un intérêt local. Le triumvirat de trois ducs au neuvième siècle, l'alliance du Centre, du Nord et du Sud avec Jean X, avec Bérenger, avec les princes de Gaëte et de Bari pour repousser les Sarrasins, la grande ligue lombarde contre les Frédéric, les ligues gibelines des Pallavicini en faveur de Manfred, la ligue gibeline d'Uguccione contre Robert, tous les deux rois de Naples, les ligues guelfes pour et contre la Maison d'Anjou, celle des princes italiens et des républiques contre Charles VIII, celle des républiques et des princes contre les Visconti sont les plus remarquables parmi les innombrables qui se nouèrent et se dénouèrent pour se renouer encore dans tous les sens, sans trêve comme sans durée. Car même la plus durable et la plus glorieuse, je veux dire la Ligue lombarde, n'eut qu'une très courte existence.

De cette aptitude particulière, qui s'était déjà manifestée dans toutes les contrées de l'Italie ancienne, naquit, après l'agrégation des entités politiques, celle des individus aussi bien dans un but commercial —comme le prouvent l'origine de la lettre de change et les factoreries lointaines des Lombards, des Toscans, des Génois et des Vénitiens — qu'afin de recruter de nouvelles armées à l'aide des bandes et des compagnies des *condottieri*, par qui se réveilla l'esprit militaire. Il n'en fut pas autrement dans notre siècle, lorsque, obéissant à la même loi, les peuples d'Italie se liguèrent, en 1848, pour reconquérir la liberté et l'indépendance, malgré leurs gouvernements, celui du Piémont excepté, et, avec celui-ci, contre ces mêmes gouvernements en 1859 et 1860. Quant à savoir si la forme purement unitaire qui a prévalu dans la suite, pour la première fois, chez la plus ancienne des nations civilisées, soit la plus propice au développement de sa prospérité et, en général, de la prospérité de tout pays, l'examen de cette question forme l'objet même de ce livre. Dès à présent, le lecteur peut juger si cette forme s'accorde avec le génie et l'histoire de l'Italie.

Durant des siècles, l'unité morale suffit à constituer à l'Italie une nationalité nette et tranchée vis-à-vis des autres pays, à lui imprimer une direction homogène dans l'emploi de ses forces natives, à maintenir le niveau entre ses révolutions politiques et sociales au retour périodique. Hormis l'Allemagne, qui resta longtemps grossière et ignorante, et la Provence à demi italienne qui vécut la vie d'une fleur, les nations d'Europe n'avaient pas encore rassemblé leurs membres dispersés par l'irruption des Barbares, que déjà l'Italie avait atteint la maturité de la civi-

lisation. Le beau langage, qui sut retrouver dans la
Toscane les accents les plus mélodieux qu'on eût jamais
entendus depuis Homère et Platon, avait commencé à les
moduler simultanément depuis le Pô jusqu'au Volturne, et
les premières voix s'étaient élevées de la Sicile, de la Corse
et d'Ascoli dans le Picenum. Une même impulsion réussit
à produire, du quatorzième au dix-septième siècle, de
Dante à Galilée, une telle intensité de manifestations in-
tellectuelles dans les lettres, dans les arts et dans les
sciences, que la lumière qui en a jailli éblouit encore
l'univers. Et, comme pour compléter ce large mouvement
de civilisation, la force qui circulait à travers toutes les
régions de la péninsule y fit prendre à l'industrie et au
commerce un tel essor, qu'on eût dit que l'une et l'autre
étaient le patrimoine exclusif de l'Italie.

Une aussi prodigieuse activité, fruit de facultés si va-
riées et si nombreuses, n'eût-elle pas été promptement
étouffée, si elle eût été contenue par un cercle inflexible ?
Une telle expansion morale eût-elle pu se produire sous
la contrainte d'un lien matériel ? Tandis que le lien intime de sa cohésion naturelle fut, au contraire, assez
puissant pour soulever la péninsule d'un bout à l'autre
et l'armer contre des nations belliqueuses, telles que la
France et l'Allemagne. Quand le haut degré de culture
où elle s'était élevée l'eut désarmée en face de races plus
jeunes, un art savant lui tint lieu de force contre le troisième de ses puissants adversaires. Par sa politique habile, elle sut réduire la domination espagnole, si impé-

rieuse en Europe, aux limites d'une maison régnante dans les provinces méridionales. Quel autre nœud, formé par des institutions stables et manifesté par des signes visibles, aurait pu résister à la pression d'éléments tels que la papauté, la plus haute des puissances humaines, et la république de Venise, cette seconde Italie, comme l'appelait Lamartine? Quel autre faisceau n'aurait pas été brisé par une telle exubérance de vie et une activité si multiple, jointes aux divisions inséparables de la société des hommes et aux changements inévitables du temps?

Au contraire, le lien qui unit l'Italie laissa passer sans en être usé, comme un filet aux larges mailles, les rivalités des villes, les inimitiés des partis, les compétitions d'influences commerciales. Il enserra dans ses replis, sans se relâcher ou se rompre, les monarchies après les républiques, les États après les cités, et, l'une après l'autre ou plusieurs à la fois, les hégémonies de Milan, de Venise, de Rome, de Naples, de Florence, des Visconti, de la Maison d'Anjou, des Médicis, des Sforza, des ducs d'Este, des marquis de Montferrat, des Gonzagues et d'autres dynasties encore. Ne voyons-nous pas un fait analogue se produire dans la nature, et les fruits d'un arbre, nourris du suc vital d'une racine commune, croître, se colorer et mûrir sur des branches diverses?

Il semble impossible, en effet, que des conditions différentes eussent permis, à non moins de deux cents villes, d'atteindre un éminent degré de prospérité et, à quelques-unes, d'égaler, de dépasser même la grandeur des nations les plus illustres de cette époque.

Chacune d'elles, se mouvant à l'aise dans sa propre atmosphère et libre d'y attirer tous les éléments dont elle avait besoin pour accomplir l'œuvre que lui assignait son aptitude naturelle, formait avec les cités voisines, avec les localités moins importantes rapprochées d'elle par quelque affinité, avec les campagnes, la noblesse des châteaux et les métiers des villes, un seul être homogène et complet. Car le progrès extraordinaire des villes italiennes eut pour deuxième cause cette connexion étroite des différentes classes. Tandis qu'ailleurs la noblesse, le clergé, les bourgeois et les paysans étaient séparés par des barrières insurmontables, là seulement ils se confondaient et formaient le *peuple* des villes, qui devinrent les maîtresses de leurs destinées dès qu'elles purent se suffire à elles-mêmes.

Il n'est pas facile de discerner si c'est la richesse qui a été plus utile à la liberté ou celle-ci à celle-là. Sans doute les villes qui furent libres les premières devinrent les plus riches, mais les plus riches restèrent plus longtemps en possession de la liberté. L'aspect opulent de Lucques, en 902, avait déjà frappé les yeux et éveillé la cupidité de Ludovic de Provence, qui la déclarait digne d'un roi. Or, Lucques apparaît avec Pavie sur le point le plus éloigné du plan que nous présente l'histoire des communes indépendantes, au niveau des villes que la proximité de la mer conduisait à la prospérité par une voie plus large et plus rapide. Telles furent Venise, dont l'empereur Henri III recherchait l'alliance en 1055 ; Gênes, qui déjà au onzième siècle avait pris la Corse, la Sardaigne et une ville espagnole aux Sarrasins ; Pise qui, à l'époque de Lothaire II, jouissait d'une considération encore plus grande que ses rivales, Amalfi, Naples, Ancône. Plus tard, entre le douzième et le treizième siècle, toutes les villes de la Lombardie, de la Vénétie, de l'Emilie, du Piémont, de la Toscane et des vastes contrées qui s'étendent en-deçà et au-delà du Phare avaient illustré leur nom et affirmé leur puissance. Milan soutient le poids le plus lourd de la grande guerre des Italiens contre Frédéric, et fait de ses cendres mêmes un rempart à l'indépendance nationale. Crème conquiert le droit de donner aux martyrs de la patrie le nom de *bénis*. Alexandrie, aux maisons couvertes de chaume, repousse victorieusement l'empereur et prélude au miracle des villes improvisées comme en élève aujourd'hui l'Amérique. Naples assiégée oppose une longue résistance à Roger, maître déjà des Deux-Siciles. Salerne, pivot de la puissance des Normands, inaugure sinon la première université, au moins la première école scientifique. Bologne, dont l'enseignement fut le lot légitime et reconnu par l'Europe, défait l'armée de Frédéric II et fait prisonnier son fils bien-aimé. Padoue, qui, de même que Bologne, fait mouvoir ses machines par la force hydraulique, envoie à l'armée d'Ezzelino douze mille soldats choisis parmi ses citoyens. Asti soutient, indomptable, de longs combats contre la Maison d'Anjou dans la période de sa plus grande force, et Turin lutte contre les comtes de Savoie qui l'enserraient de tous côtés. Les proportions du sujet que je traite me forcent à ne choisir que quelques-uns parmi les innombrables exemples qui s'offrent à ma mémoire et que me fourniraient les annales de la ville italienne aujourd'hui la plus humble.

Combien, au douzième siècle, la population ne devait-elle pas être dense en Italie pour qu'elle pût tout à la fois, selon la juste remarque de l'historien Gravina, mettre en campagne tant d'armées, expédier dans toutes les mers des flottes aux frais des villes, des princes et même des particuliers, envoyer dans tous les pays des milliers de marchands de tout genre, cultiver à fond la terre pour en tirer les produits nécessaires à la consommation intérieure, exploiter une si grande variété de manufactures de soie, de laine, de cuirs, de verre et de cristaux, exercer les nobles métiers de l'orfèvrerie, de l'ébénisterie et des arts du dessin, toutes choses dont elle était presque seule à pourvoir l'Europe entière? Combien d'or ne devait-il pas refluer de cette dernière et de l'Orient dans la péninsule italique, devenue la banque générale justement parce qu'elle était le marché universel? Quelles richesses devaient en même temps s'y répandre et s'y accumuler! Ludovic Sforza à Milan et un Médicis à Florence trouvèrent une assez grande quantité d'argent, celui-là pour salarier à la fois le roi de France et l'empereur, afin de les affaiblir l'un par l'autre, celui-ci pour prêter deux cent mille écus d'or à Charles-Quint, possesseur des mines du Mexique et du Pérou.

Les discordes intestines et les fréquentes révolutions, non plus que les querelles et les guerres qui s'élevaient sans cesse entre une ville et l'autre, ne portèrent la moindre atteinte à leur grandeur. L'histoire de toutes est un tel tissu de conflits et de luttes que rarement les annales des nations les plus illustres rapportent un nombre aussi grand de faits remarquables que ceux qui remplissent les chroniques de la plupart des villes italiennes. Pavie et Milan, Padoue et Vérone, Bologne, Modène et Ferrare, ainsi que presque toutes les villes de la Lombardie, des Romagnes, de la Toscane et du Piémont, sortent presque toujours plus puissantes de leurs duels réitérés. Parme, au lendemain de sa guerre contre Plaisance, fut assez forte pour battre l'armée de Frédéric II, avec le secours de sa rivale qui lui avait envoyé deux mille hommes. Après la célèbre guerre de Chioggia, Venise, réduite à ses seules forces et ayant relevé du serment de fidélité les villes qui lui avaient été soumises, put soutenir à elle seule le choc de presque toute l'Europe coalisée contre elle à Cambrai, ainsi que l'a fait dans notre siècle l'Angleterre, cette Venise de l'Occident. Gênes, vaincue par Venise et agitée sans trêve, comme autrefois Rome, par les nobles et par le peuple, eut néanmoins assez de force encore pour partager avec son émule les reliques de Byzance, pour mettre en déroute à Gaëte les escadres d'Alphonse le Magnanime et pour équiper dans ses ports l'*invincible Armada* de Philippe II. Brescia, loin d'être épuisée par ses troubles intérieurs, dévora, sous ses murailles, la plus grande partie de l'armée de l'empereur Henri VI. Florence enfin, pour ne citer que les exemples les plus connus, ne cessa de grandir au milieu des luttes des partis et des changements de gouvernement, dont aucun, suivant l'expression de Dante, ne durait plus de quinze jours.

Or, combien compte-t-on de villes détruites ou affaiblies par la rivalité des villes voisines? A peine quelques-unes. Et combien en est-il qu'ait anéanties la lutte des partis? Aucune. Mais, inversement, qu'on examine de combien de misères et de ruines furent cause les États pour un grand nombre de cités considérables, quand le despotisme qui les avait formés les eût condensés en masses compactes!

Et cependant les États ou monarchies respectèrent assez longtemps les traditions des autonomies municipales, pour qu'on puisse affirmer hardiment que les vestiges en restèrent partout visibles jusque vers la fin du siècle dernier. C'est de l'étranger que vint toujours l'exemple ou le fait de la violence contre le génie national. Les Normands, et après eux les Angevins, détruisirent les franchises des barons et les libertés des villes du Midi; les Espagnols introduisirent la solennité des formes monarchiques; les conquêtes de Napoléon, enfin, donnèrent naissance à la concentration, comme au plus sûr des modes de domination. Amédée VIII, qui eut toutes les

ambitions, même celle de la papauté, refusa, en **1430,**
d'imposer aux pays nouvellement conquis en-deçà des
Alpes un régime conforme à celui de ses anciens États;
il laissa chaque ville libre de se gouverner avec ses
propres lois. Les Visconti, les Sforza, les Médicis et
les Papes tinrent la même conduite. Qui ne sait que,
dans les États de l'Église, les villes conservaient encore,
à la fin du siècle précédent, des franchises et des prérogatives particulières à chacune d'elles, et qui tenaient
aux conditions ou aux circonstances diverses de leur annexion? Ravenne, Pérouse, Ascoli gardèrent longtemps
les restes de leur ancienne souveraineté. Il n'en fut pas
autrement des villes des duchés, des villes du royaume,
de celles même annexées à l'empire d'Autriche.

Cependant, l'extension que prirent les nouveaux États
et la discipline uniforme auxquelles les soumit la monarchie, furent accompagnées dans leurs progrès par la lan-
gueur croissante et le dépérissement de la vie nationale.
Quel contraste entre les trois siècles qui suivirent et les
trois siècles qui précédèrent le quinzième, lorsque les
cours naissantes déployaient aux yeux de l'Europe éblouie
tant de merveilles d'industrie, d'art, de littérature que
seule la fécondité des villes libres et de l'émulation multiple avait fait germer, et que la condensation des États
allait au contraire flétrir!

CHAPITRE V.

DE LA SCANDINAVIE

OU

DU DANEMARK ET DE LA SUÈDE.

La civilisation européenne, pour former la source commune de vie où viennent puiser toutes les nations de l'univers, s'est également enrichie des éléments qu'elle a su tirer des régions situées aux extrémités opposées du Nord et du Midi. De même, pour imprimer aux planètes dont il est le centre la toute-puissante impulsion qui les fait tourbillonner autour de lui, le soleil semble leur emprunter une grande partie de ses forces. Au seuil du moyen âge, dès que les grandes familles barbares semblèrent s'arrêter dans leurs évolutions et qu'un peu d'ordre s'établit dans la société renouvelée, les invasions *normandes* commencèrent partout. Ces invasions, au lieu de procéder par grandes masses et par tribus, à la mode germaine, furent presque toujours effectuées par de petits groupes d'hommes montés sur de frêles navires. On raconte qu'à la vue de ces hardis navigateurs, qui déjà traversaient la Méditerranée, Charlemagne versa des larmes, présageant les coups qu'ils porteraient un jour aux peuples de l'empire fondé par lui.

Tant qu'il voyait l'eau s'étendre devant son esquif, tant qu'il sentait le sang abonder dans son cœur, le Scandinave allait, sans mesurer les distances, sans se soucier des obstacles. Abandonné à lui-même dans les contrées les plus lointaines, son courage seul le soutenait. A son mépris de la vie, le plus fier qu'ait jamais professé aucun peuple, il devait d'accomplir des prouesses qui tiennent du prodige et dont les chants des scalds remplissaient les échos de sa patrie. La mort l'effrayait moins que l'infamie. De là, en grande partie, ce sentiment moderne de l'honneur, si fécond et si puissant pour renverser l'obstacle, pour atteindre le but visé en excitant l'homme à surpasser l'effort de son compagnon, à mériter la plus belle louange. Peut-être s'y glisse-t-il un germe d'envie, d'où naît l'habitude de la cruauté, mais ce sentiment n'en forme pas moins l'un des principaux caractères de l'activité individuelle de l'ère nouvelle.

Au neuvième siècle, les Scandinaves, sortis soit de la Norwège, soit de la Suède ou du Danemark, avaient déjà pénétré dans l'intérieur de la France : ils assiégeaient Paris ; ils prenaient Hambourg en Allemagne et descendaient au cœur même de l'Empire, à Aix-la-Chapelle ; ils imposaient des tributs à l'Angleterre, ils envahissaient la Hollande et la Finlande, ils saccageaient l'Andalousie et poussaient leur course dévastatrice jusqu'au Bosphore. Durant deux cents ans, ils ne cessèrent de longer les côtes, de remonter le cours des fleuves des pays civilisés, nuée d'agresseurs que renouvelaient sans cesse leurs îles natives, si fertiles en hommes qu'on leur avait donné le nom de *vagina nationum*, et inépuisables en forêts pour construire des vaisseaux. Ils ne furent pas attirés seulement par les climats les plus doux et leur offrant un riche butin, mais aussi par les zones voisines du pôle, par l'Islande glacée, le Groënland et, à ce qu'on suppose, le Labrador de l'Amérique. Leurs découvertes et leurs conquêtes étaient toujours l'œuvre d'un petit nombre d'aventuriers. Avec une poignée d'hommes ils s'emparaient de vastes royaumes, en France de la Neustrie, que, de leur nom, ils appelèrent Normandie, en Italie des Deux-Siciles.

Le Danemark essaya longtemps de prévaloir sur les autres peuples scandinaves, d'étendre ses conquêtes sur tout le Septentrion, mais il ne put jamais réaliser ses visées ambitieuses sans s'attirer des malheurs et provoquer des réactions qui le précipitèrent dans la décadence. Canut II en 1015, Valdemar en 1202 et l'Union de Calmar en 1397 marquent les trois points lumineux de l'histoire danoise. A Canut dit le Grand, empereur du Nord, Charlemagne du Septentrion, presque sanctifié par son pèlerinage à Rome, roi du Danemark, de la Norwège, de l'Écosse, de l'Angleterre, souverain universel des îles de la Baltique, succéda une période durant laquelle le Danemark, après avoir perdu l'Angleterre et d'autres possessions, fut contraint de subir la souveraineté des rois de Norwège. En proie aux incursions et aux dévastations des Slaves encore barbares, déchiré par les discordes in-

testines et opprimé par l'un des princes les plus perfides
dont l'histoire ait gardé le souvenir, Suénon III, le Danemark dut attendre pour se relever que le peuple eût
trouvé la force de s'insurger contre son oppresseur. Les
deux premiers Valdemar se firent reconnaître rois des
Vandales, ducs du Jutland, du Mecklembourg, du Holstein, du Sleswig, seigneurs de Hambourg et de Lubeck;
ils fondèrent Dantzig sur la Vistule pour arrêter les Slaves,
et fortifièrent le Sund pour régner sur la mer Baltique, à
l'exclusion de toute autre nation. Mais à peine le titre de
Victorieux, décerné à Valdemar II, eut-il sanctionné ses
nouvelles conquêtes, que ce roi tomba misérablement entre
les mains de l'un de ses vassaux, d'un comte de Schwerin :
son armée fut battue dans le Holstein, il perdit les principautés allemandes, Lubeck reprit son indépendance, et
Copenhague, sa nouvelle capitale, fut brûlée par la flotte
des villes hanséatiques. Les guerres civiles qui tantôt effet
et tantôt cause des calamités nationales les accompagnent
toujours, ne tardèrent pas à éclater, provoquées par les
princes et les évêques prétendant les uns au trône, les
autres au gouvernement de l'État. L'indépendance de la
nation fut menacée, et tandis que les Suédois subjuguaient
une de ses provinces, la Scanie, Jarimar de Rügen, le roi
d'une ile sauvage, s'emparait de presque toutes les autres
au nom de l'Église outragée. L'invasion des Slaves barbares fut suivie par l'occupation bien autrement dan-
gereuse des Allemands, sous Gérard de Rendsbourg, le
vengeur du monarque légitime. Ce peuple vigoureux se re-

leva pourtant encore une fois, grâce aux États qui, par un acte viril, déposèrent Christophe II, « à cause, disait le décret, de l'intolérable abus qu'il avait fait de son autorité », et grâce au courage désespéré de quelques provinces qui coururent aux armes pour chasser l'étranger, dont le chef tomba massacré dans le Jutland.

Un mariage (les mariages ont été un des ressorts habituels de la diplomatie royale) contribua surtout à restituer au Danemark sa prééminence sur les peuples scandinaves, en les réunissant autour du trône de Marguerite de Valdemar. Mais cette union, qui fut d'abord accueillie avec enthousiasme par des peuples que la guerre n'avait cessé jusqu'à ce jour de pousser les uns contre les autres ne put, quoique ressoudée à plusieurs reprises, se prolonger au-delà des limites d'un siècle. La réunion des trois royaumes, qui semblait devoir étendre son autorité sur tout le Nord, se trouva, au contraire, privée de la force qu'avait possédée chacun d'eux séparément. Les successeurs de Marguerite de Valdemar furent impuissants à repousser les attaques des comtes du Holstein et de la présidence de Hambourg, que le Danemark, seul et isolé, avait plus d'une fois suffi à dompter. Les navires des confédérés allemands ravagèrent les côtes de l'empire scandinave et battirent sa flotte devant le port de Stralsund. Rendu à lui-même et rentré dans ses anciennes frontières, le Danemark vit son étendue diminuée des provinces soustraites par la Suède ou par les princes allemands, la couronne nationale placée sur la tête de ses anciens vassaux, les ducs du Holstein, l'aristocratie usurpant les droits des autres ordres sociaux, la monarchie s'imposant avec les allures d'un despotisme inconnu dans ces régions. Si le Danemark a pu, dans son domaine étroit, conserver la vigueur d'une nation forte, il ne faut l'attribuer qu'au caractère toujours puissant de sa constitution basée sur l'indépendance réciproque des provinces et des classes des citoyens.

La Suède, qui avait trois fois pris les armes pour rompre une union qu'elle sentait funeste à son existence individuelle, revendiqua définitivement son indépendance en 1530. Depuis cette date jusqu'au traité de Westphalie, il s'écoule à peine un siècle : eh bien! dans ce court espace de temps, la Suède s'élève, par ses seules forces, au rang d'arbitre de l'Europe. C'est par elle que l'empire d'Autriche et la monarchie espagnole perdent les grandes possessions qui, éloignées de leurs confins naturels, poussaient ces insupportables puissances à envahir les autres États; c'est par elle que l'Allemagne rétablit son équilibre intérieur, qui lui fournira de nouveaux éléments de force; c'est par elle enfin, par les victoires de ses armées, que le principe de la liberté de conscience reçoit sa consécration dans l'une des plus augustes assemblées des nations européennes, et que les dissensions religieuses cessent de devenir la cause ou le prétexte de guerres fratricides.

La période qui, au milieu de querelles intestines et au bruit des batailles vit éclore la vie nouvelle du peuple suédois, doit être étudiée avec soin, si l'on veut discerner les causes de son extraordinaire vitalité. Gustave Wasa, proclamé le libérateur de la Suède, reprit et mena à bonne fin l'œuvre commencée avant lui par Engelbrechtson, par Eric Puke, par Charles Canutson, par Svante Sture et par Sténon Sture, ces généraux, ces grands maréchaux, ces administrateurs de la nation, pour l'indépendance de laquelle tous ou presque tous versèrent leur sang. Le Sénat, qui était la commission permanente de la grande assemblée nationale, sanctionna la première révolte contre Eric V en 1434, et quatre-vingt-quatorze de ses membres payèrent de leur tête tombée sur l'échafaud la résistance opposée à Christiern II en 1520. Les États, en 1448, rompirent l'union de la Scandinavie en élisant le premier roi national. Toutes les classes sociales rivalisèrent d'efforts et de sacrifices pour délivrer la Suède, hormis le clergé, qui, en se rangeant du côté du Danemark, réunit en un seul objet de haine populaire le catholicisme et l'oppression étrangère. La noblesse, même isolée et sans l'appui des autres ordres, servit parfois de bouclier aux libertés du pays, notamment l'an 1500, en opposant à Jean de Danemark, que les Suédois avaient une fois de plus reconnu pour leur roi, un refus formel de lui obéir, parce que, disait la déclaration des nobles, « les drapeaux de la Suède, au préjudice de son honneur, avaient été transportés à Copenhague. »

Cependant, de toutes les classes celle qui non seulement fut le principal soutien, mais l'âme infatigable de l'indépendance suédoise, c'est la classe des paysans. Exemple unique parmi les nations anciennes et modernes jusqu'à notre siècle, la Suède seule osa faire entrer dans ses assemblées nationales, avec voix délibérative, les habitants des villages, soit que le régime féodal n'eût pas réussi dans cette contrée à renfermer la terre dans son étau de fer, soit que l'agriculteur eût trouvé le moyen de s'y émanciper, en prenant, par emphytéose ou par des privilèges coloniaux, presque l'aspect de propriétaire. Aucun doute n'est possible sur l'existence politique de cet ordre, reconnu pour le *quatrième état* de la Suède par l'acte de l'Union de Calmar, et expressément distingué des bourgeois, qui formaient le tiers état, dans le traité conclu par Wasa, en 1523, avec la ville de Lubeck. Partie intégrante et légale de la patrie, les paysans la défendirent avec la mâle vigueur que développe leur condition, avec la force du sentiment élevé qui les animait. Ils furent les premiers à arborer l'étendard de l'insurrection, à fournir, pour abattre la monarchie danoise, des armes à Engelbrechtson et à Gustave Wasa. C'est dans les montagnes de la Dalécarlie, à Mora, siège de l'assemblée des villages de cette province, que le grand Gustave reçut des jeunes gens, avec l'assentiment des vieillards, le serment de vaincre ou de mourir à ses côtés pour le salut de la nation. Faut-il, après cela, s'émerveiller que, de ces campagnes aguerries et exaltées par l'amour de la patrie, Gustave-Adolphe ait pu tirer les valeureux soldats qui devaient battre les armées impériales, commandées par les Tilly et les Wallenstein? Et n'est-il pas aussi naturel que Charles XII, se voyant à la tête de pareils guerriers, ait cru que le métier de roi consistait exclusivement à livrer des batailles? A moins qu'il n'eût en effet conçu le projet, que lui attribuent un petit nombre d'historiens, de refouler dans ses steppes la naissante Russie.

Pendant un siècle environ, tout ce que la terre féconde de la Suède pouvait produire d'héroïsme militaire, elle le produisit, sans pour cela rassasier l'ambition de ses rois toujours plus avides de gloire et de puissance. Après la bataille de Pultava, il ne lui restait guère plus que de faibles garnisons qui aimaient mieux périr que rendre les forteresses. Cependant, au lieu du Sénat qui, environné de l'affection du pays et de l'estime de l'Europe, gouvernait l'État à la mort de Gustave-Adolphe, un monarque était monté sur le trône qui condamnait au supplice le gentilhomme coupable d'avoir osé lui présenter, au nom de la noblesse, une réclamation modeste, bien que ferme. On entretenait l'hostilité entre les classes pour accroître l'autorité royale, qui, affranchie ainsi de tout contrepoids, put recourir, sous Charles X et Charles XI, à la mesure déloyale de frustrer les créanciers de l'État et de prescrire les impôts les plus exagérés.

On substitua aux assemblées des États les diètes extraordinaires qui, plus dociles, déférèrent à la couronne, sous Frédéric Ier et Frédéric II, la faculté de nommer des juges exceptionnels et « de faire, de défaire et de transgresser les lois pour le bien public », suivant le vœu émis par un de ces parlements serviles. Malgré cela, le germe des anciennes institutions ne fut pas détruit, le principe de la représentation nationale ayant pour base la liberté des élections survécut, et la Suède ne périt pas : elle reprit même dans le Nord, appuyée sur la fière Norwège — sa compagne et non sa sujette — la prépondérance que lui assure encore une fois son organisation riche en classifications et en variétés, pareille à celle de la nature si bien décrite par Linné, son glorieux enfant.

CHAPITRE VI.

Dans aucun autre pays, des invasions aussi fréquentes et aussi pénétrantes de races opposées entre elles n'ont laissé des traces plus profondément imprimées qu'en Espagne. Située entre deux continents, telle qu'un pont destiné à être alternativement franchi par les Africains pour passer en Europe et par les peuples du Nord pour se transporter dans les terres bénies du soleil, elle fut successivement, à différentes époques, le séjour des Celtes, des Carthaginois, des Romains, des Visigoths, des Arabes et des modernes Numides, les habitants du Maroc et de la Tunisie. Du contraste des deux types humains les plus tranchés, qui s'expulsèrent tour à tour de son territoire ensanglanté par leurs luttes séculaires, se forma le caractère surprenant et singulier qui distingue l'Espagne de toutes les autres nations du monde.

La fermeté et l'héroïque désespoir dont les ruines de Sagonte et de Numance restent le monument indestructible, la terreur de Rome et, dans des temps plus récents, la défense de Saragosse, jointes à l'acceptation résignée du long supplice qu'infligea au peuple espagnol l'Inquisition, forment son double bandeau de martyr de la Patrie et de la Foi.

C'est des mêmes régions que sortirent et cette poignée d'hommes qui, au quinzième siècle, se hasardaient par-delà les mers à la conquête des populations de continents inconnus, et cette armée qui, en l'an 547, se laissa tailler en pièces devant Ceuta, plutôt que de combattre un dimanche. Car toutes les institutions qui poussèrent sur ce sol, tant de fois agité et bouleversé, s'y attachèrent par de si tenaces et profondes racines qu'il fut dans la suite impossible de les en arracher. Ainsi, le sentiment de l'indépendance nationale fut chez elle d'autant plus fort et plus jaloux de se garantir qu'il lui avait fallu, pour le conquérir, de longs efforts et des sacrifices suprêmes. De sorte que si l'Espagne dut mettre huit siècles à chasser les Maures et à se recouvrer elle-même tout entière, elle ne perdit jamais plus son indépendance, et le tout-puissant Napoléon qui, ailleurs, en une ou deux batailles se rendait maître d'un grand royaume, ne parvint pas à la dompter durant cinq ans d'une guerre acharnée.

Après s'être faite romaine sous les Romains au point de devenir, pendant la seconde série des Césars, la nourrice de l'Empire et de la littérature latine, elle fut plus romaine encore sous les Wisigoths. Ceux-ci, en effet, non seulement conservèrent la législation du conquérant disparu, mais ils la purgèrent de tout ce qu'y avait introduit le despotisme byzantin, qui abaissait les magistrats des curies à la condition de valets inamovibles du fisc. La loi romaine promulguée par les Goths rendit ainsi aux municipes leur dignité et le rang d'où le code de Théodose les avait fait déchoir. Le respect des Goths pour les droits de la nation ibérienne fut sanctionné par la promesse solennelle du roi Recessuinte en 649, par laquelle il s'obligea, lui et ses successeurs, à ne décréter que les impôts votés par les assemblées nationales, c'est-à-dire, dans les premiers temps, par les conciles des évêques. Cette institution nous révèle l'origine ancienne de la tutelle sacerdotale, qui est l'un des traits caractéristiques de la moderne Ibérie. Dans les autres pays romano-chrétiens, les évêques faisaient partie du corps qui représentait l'État : ici ils le constituaient à l'exclusion de toute autre caste.

L'Espagne cependant n'apparut dans son intégrité nationale qu'après s'être reconquise elle-même sur ses envahisseurs nouveaux, les Maures. Renfermée avec eux, durant huit siècles, dans un profond creuset, elle n'en sortit brillante d'une héroïque indépendance que lorsque le fer et le feu eurent effacé, jusqu'au dernier vestige, l'image si profondément gravée par eux sur sa noble terre. La religion chrétienne, qui avait opposé son étendard au peuple armé du cimeterre pour en propager une autre, demeura le trait principal de la nouvelle nation. La foi s'éleva contre les infidèles. On invoqua, pour exterminer les Maures, la protection de saint Jacques de Compostelle, le grand *matamoros*, le tueur de Maures. On salua Ferdinand et Isabelle, qui achevèrent la grande lutte, du titre presque triomphal de *catholiques*.

Un autre trait caractéristique, ce sont les formes solennelles de respect qui entourèrent la couronne. On accrut le prestige de ceux qui devaient combattre le chef si
vénéré des ennemis : le calife ; et le cérémonial des trônes
de l'Orient et de l'Afrique passa en Espagne pour s'étendre
de là dans l'Europe entière.

Ce qui semble lui avoir surtout appartenu en propre,
c'est l'accord, l'harmonie entre la vénération, si intense
qu'elle ne défaillit jamais, pour les autorités placées au
sommet des institutions sociales, et la fierté, poussée jusqu'aux limites de la rébellion, avec laquelle elle ne cessa de
défendre les garanties des libertés ou *fueros*, qui restèrent
les bases de sa nationalité. Fruit des résultats progressifs
de l'indépendance espagnole, ces libertés attestaient le contingent apporté par chaque classe de la nation à l'édifice
national. Sertorius avait déjà dit aux anciens peuples de
l'Ibérie : « Si vous étiez unis, vous seriez invincibles, mais
vous ne le serez point, parce que vous êtes trop fiers ! »
Les faits ont démenti cette parole, et néanmoins elle est
restée vraie. Les Espagnols s'unirent et furent vainqueurs,
mais leur fierté garda distinctes leurs origines différentes.

Depuis la Galice, les Asturies, la Navarre, la Biscaye
et l'Aragon, des pentes pyrénéennes aux plages cata-
lanes, la guerre contre les Maures se déploya comme
pour un siège gigantesque, s'avançant d'abord vers Tolède et Valence, puis vers Cordoue et enfin vers Grenade,
parallèlement et par approches successives. De sorte

que chaque nouvelle conquête devenait une nouvelle
œuvre de guerre, souvent enfermée dans un cercle par
l'ennemi et toujours abandonnée à ses propres res-
sources. Il en résulta que les villes acquirent une existence individuelle, qui, grâce non seulement à leurs faits
d'armes, mais aux franchises octroyées par les rois comme
autant de subsides et de renforts, s'éleva presque au rang
d'une souveraineté. Il n'en fut pas autrement des sociétés
religieuses et militaires d'Alcantara, de Calatrava, de
Saint-Jacques et d'un grand nombre de seigneuries que
créait l'épée, à l'exemple de celle du Cid, en les prenant
sur les possessions des Maures. Les châteaux, aussi bien
que les villes, portaient gravés sur leurs tours et leurs
murailles les titres de leur propre indépendance, les
sièges soutenus, les victoires remportées.

Dans le petit royaume de Léon étaient déjà compris trois
autres royaumes, celui d'Oviédo, celui de Galice et celui
des Asturies. Ferdinand Ier, qui les réunit à la Castille,
Alphonse VI, après lui, et Alphonse VIII, l'empereur des
Espagnes, qui les réunirent de nouveau, s'engagèrent par
serment à en respecter les lois constitutionnelles, confor-
mément à ce qui avait lieu dans les États de Navarre et,
de façon encore plus remarquable, dans ceux d'Aragon.
En outre, ces trois royaumes restèrent séparés jusqu'au
seizième siècle, et le Portugal le demeura pour toujours : le
Portugal qui, dans un pays borné, renferme l'un des plus
grands peuples de l'Europe, lequel vengea hautement la
violence que lui avait faite Philippe II.

L'histoire d'Espagne se compose des épopées que lui fournit chacune de ses provinces. Les Asturies commencent d'abord la guerre de l'émancipation. La Galice délivre le Portugal. Léon restaure le régime municipal, base de la longue et sainte lutte. La Biscaye demeure vierge de tout despotisme et de toute invasion étrangère. La Navarre se dresse contre les ambitions de la Castille et de l'Aragon. La Castille s'attaque le plus souvent aux Maures et triomphe d'eux, tandis que l'Aragon étend ses conquêtes en Orient et dans le midi de l'Italie. La Catalogne rivalise dans le commerce avec Gênes et Venise. L'Andalousie, sur ses vaisseaux, transporte Christophe Colomb dans le nouveau monde. Enfin, les dix-huit royaumes sortis du Califat laissent comme héritage aux Espagnes chrétiennes les sciences, les arts et la plus admirable culture de la terre qu'on eût jamais connue en Europe : culture fondée sur l'association des propriétaires ruraux, ou des *acquieros*, sociétés autonomes d'irrigation jouissant du droit de justice.

Tandis que les Espagnols, lorsque cinq de leurs rois et de nombreux chefs indépendants les conduisaient au combat, triomphaient sans cesse des Musulmans, ceux-ci restèrent encore pendant deux cents ans les possesseurs à peu près tranquilles de Grenade, leur dernier refuge, après que la Castille et l'Aragon furent devenus deux grands royaumes.

Pareils au Califat, dont la décadence et le démembrement suivirent de près les dernières conquêtes d'Abdérame III et d'Almanzor, l'Aragon et la Castille reculèrent sur la voie des progrès qu'ils avaient réalisés au treizième siècle. Ce fut l'époque de l'altération de la monnaie opérée par Alphonse X et Alphonse XI, des cruels rois contemporains, de l'intervention humiliante du Français Duguesclin, de la honteuse alliance avec les princes maures pour les trônes usurpés, des assassinats, des guerres fratricides et des rébellions. L'Espagne fut alors redevable de son salut aux Assemblées nationales ou *Cortès*, qui surent enfin guider la conscience publique au milieu du chaos et de l'anarchie.

Les Espagnes furent la première nation qui exerça d'une façon régulière le contrôle et la censure de l'autorité royale au moyen des parlements. Dans la Castille et le royaume de Léon, les villes y envoyèrent leurs députés dès l'an 1188. On en comptait quatre-vingt-dix dans les Cortès de Burgos en 1315. Du conseil de régence nommé pendant la minorité de Henri III, nous pouvons déduire l'ascendant que les villes avaient conquis. En effet, la moitié de ce conseil se composait de leurs représentants, alors que le droit à la régence était considéré comme le privilège des infants et des grandes familles, Haro, Lara, Castro, Mendes : ce qui donnait lieu à des dissensions et à des guerres sans fin.

Les Cortès, qui avaient osé déjà s'opposer à Pierre le Cruel, allèrent jusqu'à déposer Henri l'Impotent. En 1393, elles déclarèrent au roi, qui avait décrété un nouvel impôt, que « ses ordres seraient respectés, mais non pas exécutés ». Dans une autre réunion tenue durant la minorité de Jean II, le connétable Ruy Lope d'Avalos, résumant les traditions constantes des Cortès de la Castille, soutint fièrement que « la nation avait été de tout temps en possession du droit de se gouverner elle-même ».

Dans les provinces orientales — la Navarre, l'Aragon et la Catalogne — les libertés publiques, écloses de meilleure heure, s'épanouirent aussi davantage, à cause de la proximité de l'Italie, suivant le raisonnement de Robertson. La hauteur excessive de la formule du serment prêté au roi par les Cortès aragonaises : « Nous qui valons autant que vous et qui pouvons autant que vous », a fait mettre en doute son authenticité. Quoi qu'il en soit, l'exercice des droits les plus élevés a toujours appartenu à ces parlements. N'ont-ils pas annulé le testament du roi Alphonse et élu roi don Ramire ? D'autres rois encore, dans la suite, durent la couronne à leurs suffrages. Non seulement ils établissaient les impôts, mais ils déclaraient la guerre et concluaient la paix. Ils s'assemblaient périodiquement tous les ans, et ils ne pouvaient être ni dissous, ni prorogés. Des quatre ordres qui les composaient, trois étaient les ennemis naturels aussi bien de l'aristocratie que de la tyrannie royale, à savoir : l'ordre équestre, le bas clergé et les grands propriétaires. Les *ricos hombres* d'Aragon avaient été engendrés par la puissance des villes à demi républicaines, tandis que les grands de Castille tiraient leur origine des seigneuries féodales. Ces assemblées étaient présidées par le Grand Justicier du royaume, qui jugeait les différends des États de la monarchie, soit entre eux, soit avec le roi. Pierre IV, tout vainqueur qu'il fût des rebelles, dut se soumettre à son jugement.

Une institution de cette nature, qui place la justice au-dessus des pouvoirs publics, manifeste par elle-même son origine : celle de la suprême garantie d'impartialité que des parties contractant une union s'assurent mutuellement. Les États-Unis ont été amenés par les mêmes conditions à suivre, sous une autre forme, le même exemple. Au moyen âge, les Francs eurent une magistrature analogue dans les maires du palais et les Italiens s'en rapprochèrent en établissant dans les villes les podestats pour veiller à la défense du compromis passé entre les partis dominants.

L'Aragon, en effet, représentait une confédération dont le chef était le roi, mais qui avait constitué dépositaire de son pacte le *Giustiza*. Réunie par Ferdinand le Catholique, l'Espagne n'entendit pas pour cela renoncer à son caractère primitif, car elle stipula et le roi jura que la réunion des couronnes ne porterait aucune atteinte aux droits des États, lesquels garderaient intactes leurs différentes constitutions. C'est néanmoins depuis lors qu'entre le monarque et les peuples commença cette lutte incessante, qui, si elle accrut le pouvoir du premier de tout ce qu'il ravissait aux seconds, causa la perte de la nation. Après avoir régné sur une grande partie de l'Europe, de l'Asie et de l'Amérique, l'Espagne tomba peu à peu dans une telle décadence, que la commisération remplaça la haine chez les peuples mêmes qu'elle avait offensés. En moins de deux siècles, la ville, dont les murs avaient abrité un roi de France amené prisonnier par Charles-Quint, ouvrait respectueusement ses portes devant le fils de Louis XIV, venu pour y fonder une nouvelle dynastie. La Hollande et le Portugal, qui naguère avaient subi ses lois, se partageaient ses conquêtes d'outre-mer, et la Grande-Bretagne occupait Gibraltar, relevant en quelque sorte, pour y confiner l'Espagne, ces colonnes d'Hercule que l'Europe avaient franchies, grâce à elle.

Cet effroyable écroulement de sa puissance à l'extérieur ne peut être comparé qu'à la ruine de ses libertés intérieures, ruine qui fut l'œuvre de ses rois. Charles-Quint attaqua celles de Léon et de Castille, Philippe II celles d'Aragon, Philippe III celles des Basques et Philippe IV celles des Catalans. Tolède, Valladolid, Burgos, Madrid, Saragosse, Barcelone et bien d'autres nobles villes avec elles furent, à différentes époques, livrées au carnage. On décapita le Grand Justicier d'Aragon; on supprima les assemblées populaires; on transforma les milices des villes confédérées, comme celles d'Hermandad, en troupes royales. Le Saint-Office enfin, établi pour combattre l'hérésie et l'islamisme, s'érigea en défenseur du trône : il s'attacha à déraciner l'esprit de révolte, accouplant l'unité de la foi à l'unité de la monarchie, subordonnant tour à tour la religion à l'État et l'État à la religion. De sorte que, dans ce funeste mariage, l'un, retenu par des règles inflexibles, perdit toute possibilité de progrès, et l'autre, corrompue par des intérêts matériels et des passions cupidés, perdit toute élévation et toute douceur de sentiments.

L'Espagne put, malgré cela, combattre à deux reprises et longtemps contre deux puissants empereurs. C'est qu'elle avait repris ses premières formes organiques, au moyen du soulèvement des *Communeros* contre Charles-Quint et des juntes provinciales contre Napoléon. Elle succomba sous le premier, qui était l'incarnation de la monarchie nationale parvenue au comble de la gloire, mais elle triompha du second : si grande est la force que ce noble peuple retrouva encore, en des temps si rapprochés de nous, dans ses autonomies traditionnelles !

CHAPITRE VII.

DES PAYS-BAS

ou

DE LA HOLLANDE ET DE LA BELGIQUE.

Deux peuples généreux surgirent dans un étroit espace de terre, dont une partie avait été laborieusement soustraite, à force de patience et de peine, au domaine des fleuves qui, débouchant dans le nord, semblent continuer, avec le golfe Adriatique, au midi, la ligne de démarcation entre l'occident et l'orient de l'Europe. La Flandre et la Hollande, où se marient les types des races celto-romaines et germaniques, se développèrent entre deux gigantesques masses qui les comprimaient : la France et l'Allemagne. Semblables aux fameuses digues de leur pays, elles opposèrent plus d'une fois un obstacle insurmontable à la puissance débordante des nations voisines. Si l'Empire, si les rois de France et surtout la monarchie espagnole furent arrêtés dans leur essor démesuré, on le doit à ces deux peuples qui n'hésitèrent jamais à sacrifier leurs propres villes et leur territoire pour défendre leur indépendance.

Elles se conservèrent ainsi à la société moderne, qui n'eut pas de plus grands centres d'activité, de production industrielle et commerciale, que la Flandre au quatorzième siècle et la Hollande au dix-huitième. En dépit de leur population peu nombreuse et de leur sol peu étendu, elles engendrèrent autant de glorieuses existences qu'elles possédaient, je ne dis pas de provinces et d'États, mais de villes, et elles en possédaient un grand nombre. Une seule fois la Maison d'Espagne réunit les deux nations en 1529 : du même coup, elle réunit contre sa tyrannie les efforts désespérés des deux régions des Pays-Bas. La Flandre et la Hollande ou, pour mieux dire, les provinces plus proprement appelées ainsi, engagèrent une lutte de rivalité sans répit avec les autres États : le Brabant, le Hainaut, la Gueldre, la Zélande, Utrecht et la Frise indomptable, contre laquelle les comtes hollandais vinrent tant de fois se briser. Il n'y eut pas une seule cité qui ne se fît remarquer par quelque mérite spécial. La Ligue hanséatique comprenait seize villes situées dans la Hollande et tirait son principal aliment de celles de la Flandre.

Bruges, Gand, Ypres, Arras et bien d'autres encore fournissaient, pour la part la plus considérable, les produits manufacturés aux transactions du centre et du septentrion de l'Europe. Les historiens ont dit dans quelle confusion fut plongé le commerce universel par la guerre que les populations flamandes soutinrent en 1380 contre leurs comtes : confusion qui rappelle le désordre que fit éprouver de nos jours à tous les marchés du monde civilisé le siège de Paris.

Les richesses s'accumulaient dans ce pays sans affaiblir sa vigueur martiale. Non moins que l'or, les forces militaires fournies par la confédération des villes de Flandre décidèrent Édouard d'Angleterre à entreprendre contre la France la guerre de Cent ans. La souveraineté féodale avait beau résider et s'incarner dans le comte : « les bonnes gens des communes de la Flandre » n'en stipulèrent pas moins en leur nom les clauses de l'alliance conclue avec les ambassadeurs du roi Édouard à Anvers, le 29 avril 1338. Certaines villes levèrent, à leurs frais, des armées puissantes et, à l'égal des villes d'Italie, se placèrent au niveau des plus grandes nations. Tandis que Gand s'élevait assez haut pour prendre sous sa tutelle la souveraine des Pays-Bas, Marguerite de Bourgogne, et préférer pour elle l'alliance de l'héritier de la Maison d'Autriche à celle du Dauphin de France, Bruges battait le futur empereur et le retenait quatre mois prisonnier dans ses murs. La constitution du Brabant portait que, « si le souverain veut, par force ou par adresse, violer leurs privilèges, les États seront relevés du serment de fidélité ». Au reste, presque tous les statuts du moyen âge étaient pareillement marqués d'une empreinte d'indépendance.

La Hollande, à la vérité, fut plus lente à prendre l'essor, mais à quel degré de prospérité et de gloire ne parvint-elle pas en peu de temps ! Le duc d'Albe l'avait réduite à l'extrémité. Les provinces envahies l'une après l'autre, les villes dévastées, les ports démolis, la noblesse abattue ou proscrite, la bourgeoisie dépouillée ou massacrée, il ne restait plus que le peuple, et il fut à son tour avili, opprimé, tourné en dérision. « Les gueux! » ce sobriquet abject, la longanimité hollandaise l'accepta de la vanité espagnole, et s'en fit une devise immortelle. Les « gueux de la mer », qui avaient commencé leur patiente et héroïque résistance en 1572, élevèrent leur patrie, en moins d'un demi-siècle, à l'apogée de la puissance. Dispersant ou capturant les flottes de l'Espagne et du Portugal, battant les armées de la Suède qui tyrannisait le Danemark, menaçant l'Angleterre de l'embouchure même de la Tamise, subjuguant les côtes de l'Afrique, fondant Batavia dans les Indes avec huit gouvernements de provinces d'une immense étendue, occupant en Amérique le Brésil et une grande partie du territoire actuel des États-Unis, la Hollande brilla au premier rang dans les quatre parties du monde.

Quelle fut donc la base qui lui permit d'ériger l'édifice d'une pareille grandeur? Par quel moyen accrut-elle ses forces, de manière à opérer de tels prodiges? Le moyen dont ce même peuple, sous le nom de Bataves, se servit autrefois pour se défendre contre les Romains et, plus tard, sous l'appellation générique de Frisons, contre les Francs et les Normands. Sept provinces s'unirent de nouveau contre l'Espagne et vainquirent. Elles restèrent unies, sans que la vie de l'une fût absorbée par les autres, et, durant deux siècles, peu de nations leur furent égales, aucune ne leur

fut supérieure. Toute l'activité que pouvaient produire les
éléments multiples dont la nation était constituée se développait aisément par l'initiative du gouvernement général des provinces, des villes et des sociétés particulières.
C'est là, à Amsterdam et à Ostende, que surgirent ces
grandes puissances, d'un genre tout nouveau, précédées
seulement par une création analogue à Gênes et imitées
par l'Angleterre, je veux dire les Compagnies des Indes
occidentales et orientales, auxquelles déjà en 1607 ve-
naient rendre hommage les ambassades de Chine et du
Japon, au moment même où les hommes d'État de l'Europe se donnaient rendez-vous à La Haye, d'où allait
bientôt partir le signal de la coalition contre l'ambition
immodérée de Louis XIV. C'est là que s'élargit, en se rec-
tifiant, le système colonial qui greffa sur la civilisation
européenne tant de vastes régions restées sauvages jusqu'à
ce jour : système plus fécond pour l'Europe que celui des
Portugais, et moins destructeur pour les populations
indigènes que le régime fatal inauguré par les Espagnols.
C'est là que se formèrent les entreprises pour les pêches
gigantesques et la conservation du poisson. C'est là que
furent perfectionnées les manufactures des toiles et de
tous les autres tissus ; là que la balance des denrées venant de partout ou quittant les ports hollandais, devenus
les entrepôts de l'univers, fut établie et, avec elle,
l'évaluation précise et la transmissibilité du crédit. C'est
là enfin que fut organisée cette utile administration publique qui, par l'économie et la probité, réussit à amortir

la dette énorme contractée pour soutenir la guerre de l'Indépendance, à pourvoir aux frais d'embellissement des villes, à endiguer des polders, à élever des ponts et à doter les universités.

On mit beaucoup d'ardeur à poursuivre l'agrandissement de la patrie ; on n'en mit pas moins à la défendre contre les assauts de la tyrannie intérieure. Mais, si le sacrifice de quelques milliers d'existences, l'héroïsme des amiraux, la bravoure et l'enthousiasme des soldats et des marins suffirent pour conquérir la gloire et la puissance, la sagesse la plus judicieuse et des prodiges d'abnégation ne suffirent pas pour conserver la liberté. On peut détruire l'ennemi du dehors ; mais comment retrancher une partie de soi-même ? Un parti avait malheureusement surgi avec l'indépendance de la Hollande, lequel sut l'exploiter à son profit exclusif. L'Espagne et l'Angleterre furent battues et repoussées loin des côtes ainsi que des possessions hollandaises ; mais la Maison d'Orange, attachée dès le principe à l'union des sept provinces, ne s'en sépara plus, s'accrut et finit par étouffer la République.

En vain, à deux reprises, en 1654 et 1703, on abolit le stathoudérat, ou, du moins, on sépara le commandement militaire de la magistrature politique. En vain, les États ou provinces, déclarèrent à l'unanimité, en 1675, qu'aucun membre de l'Union n'avait le droit de disposer d'une portion de la République. En vain, les parlements partiels des sept États réunis en 1651 prescrivent dans une assemblée générale — « la grande assemblée » — que

l'autorité suprême du Grand Conseil ou des États généraux serait limitée par les pouvoirs municipaux, qui se
maintenaient tout-puissants dans leurs sphères respectives. En effet, non seulement les villes disposaient des
wachtsters, milices ainsi nommées parce qu'elles *at-
tendaient* les ordres du bourgmestre; mais elles jouissaient encore du droit de traiter avec les puissances
étrangères pour leurs affaires de commerce, sauf à en
avertir les États généraux. Amsterdam s'arma de cette
prérogative royale contre les prétentions de Guillaume III,
qui, étant stathouder de la Hollande, s'en prévalut pour
se faire nommer roi d'Angleterre. La République tomba
enfin à l'heure où se fermait l'une des plus glorieuses
périodes qui puisse faire l'objet des vœux d'un gouvernement honnête et sage. Elle tomba après avoir conservé la grandeur et accru la prospérité de la Hollande,
au milieu des phases si nombreuses et si diverses de la
guerre de Succession, après avoir réformé et élargi les
institutions nationales, en dépit de l'influence des monarchies absolues qui l'entouraient.

Le parti militaire, qui espérait qu'un gouvernement
plus fort rendrait le pays plus puissant, et la fraction du
parti calviniste à laquelle il fallait une domination exclusive, s'étant coalisés, transformèrent le stathoudérat en
monarchie, moins le nom, car le stathouder continua à
signer et à s'appeler le « premier sujet de l'État », le
premier serviteur de la République.

On dépouilla les villes et les provinces de toutes leurs

libertés ; on ne leur laissa aucune garantie. La direction même des Compagnies des Indes fut transférée au chef de l'État. A la Flandre hollandaise, qui était catholique, on infligea un gouvernement plus dur, et l'on surveilla ou traita en ennemies les cités commerciales les plus importantes, comme Utrecht et Amsterdam. La répression des émeutes populaires, qui recommençaient sans cesse, finit par absorber toute l'activité de l'administration publique. Les concessions aux puissances étrangères, autrefois ses rivales, devinrent plus fréquentes. Le commerce de la Hollande et ses forces navales furent sacrifiés à la Grande-Bretagne, les forteresses et les frontières abandonnées à la Maison d'Autriche. Le gouvernement même tomba entre les mains d'Anglais et d'Allemands, qui l'inféodèrent à la politique de leurs pays. Enfin, malgré un nouvel et mémorable exemple de résistance généreuse et patiente, le prince qui, en 1776, avait trahi l'État en faveur de l'Angleterre, ouvrit, en 1787, les portes à l'invasion prussienne, que devait suivre, en 1799, la conquête française. Voilà l'œuvre du « gouvernement fort » si longtemps invoqué par les Orangistes! Voilà à quelle condition misérable il réduisit en peu d'années les Provinces-Unies!

La Belgique, annexée à la Hollande en 1815, n'accrut point la force de ce royaume auquel elle ajoutait dix provinces, tandis que deux millions de Hollandais, grâce à la multiplicité des États, aux prérogatives des cités, à l'autonomie des sociétés commerciales, étaient

parvenus à s'élever et à se maintenir, durant deux siècles, au niveau des nations les plus considérables de
l'univers, et peut-être au premier rang des puissances
maritimes de leur temps.

CHAPITRE VIII.

DE L'ANGLETERRE.

Les Mexicains érigeaient chaque année au plus grand
de leurs dieux une statue composée de toutes les graines
que produisait leur sol fertile. Semblable à cette statue,
le faisceau des institutions qui régissent l'Angleterre a
été formé par les événements qui se sont succédé dans
le cours de sa longue histoire. Depuis l'heptarchie
saxonne, qui se fonda dans le pays déjà occupé par les
Romains, jusqu'aux réformes que la Grande-Bretagne
emprunta, en 1832, au continent, rien de ce que la
vicissitude des temps y a fait naître ne s'y est jamais
perdu.

Les circonscriptions intérieures chargées du soin de
se surveiller elles-mêmes, qu'Alfred le Grand ou ses pré-
décesseurs instituèrent, afin que l'Angleterre se défendît
mieux contre les invasions scandinaves et germaniques
sans cesse renaissantes, ces circonscriptions subsistent
encore, à peu près telles qu'elles étaient lors de leur
institution. L'esprit du régime féodal, importé par la
conquête normande, s'est perpétué dans les privilèges de
la terre, de la Chambre héréditaire et des classes qui

interviennent dans les élections de la Chambre des communes. Il n'y a pas longtemps que deux cent quatre-vingt-trois grands propriétaires élisaient quatre cent quatre-vingt-sept députés, tandis que les villes, les universités et les petits propriétaires des comtés n'en élisaient, tous ensemble, que seulement cent soixante et onze. Le code commencé par Édouard le Confesseur est resté ouvert, à travers les siècles, afin d'y comprendre même les lois promulguées de nos jours, et dont l'interprète suprême est l'usage, ou, pour dire mieux, le progrès des temps. Les prérogatives de la ville de Londres, qui équivalent à celles d'un souverain, avec la préséance accordée au premier magistrat de la métropole sur les princes du sang, se conservent dans leur intégrité telles que les octroyèrent les chartes, dont la première date de 1041. Le papisme, tant exécré, qui dans aucun autre pays ne déploya une aussi grande influence que dans celui-ci, dont il percevait, à titre de haute souveraineté, un tribut sous le nom de *denier de Saint-Pierre*, le papisme même revit et se reflète dans la constitution de l'Église anglicane. Dans l'habitude chère à tout Anglais d'accourir partout où l'on prêche les préceptes de n'importe quelle communion religieuse, se révèle encore aujourd'hui, quoique affaiblie par le temps, la passion pour les controverses théologiques qui soutint jadis l'abbé Dusson et ses bénédictins contre le clergé régulier, puis Wiclef et les Lollards contre le clergé catholique, et qui finit par mettre à feu et à sang les trois royaumes pour les épiscopaux, les presbytériens, les puritains, les indépendants, les niveleurs, les millénaires et je ne sais combien d'autres sectes. Il n'y a pas jusqu'au fléau du paupérisme, dont la société la plus opulente peut-être de l'Europe reste embarrassée, qui ne soit le témoin de la révolution agraire, à laquelle donna lieu, au commencement du seizième siècle, la transformation des terres labourables en pâturages. Un orateur s'écriait alors devant la cour d'Édouard VI : « Là où s'élevait naguère un village populeux, on ne trouve plus qu'un pâtre et son chien ! »

Si rien ne se perd dans les Iles-Britanniques, tout ce qu'on y sème y prospère et s'améliore. Les Danois et les Normands communiquèrent aux Anglais leur ardeur pour les longues navigations et leur aptitude à fonder de grandes colonies. Les dynasties des Plantagenets et des Stuarts les initièrent à l'élégance des modes de France, que les mœurs sévères de la réforme religieuse transformèrent depuis en tenue correcte, et à l'esprit chevaleresque que les habitudes du commerce transformèrent à leur tour en l'un des traits distinctifs de ce peuple : la *loyalty*. De même, les lettres et les sciences, empruntées à l'Italie, suscitèrent parmi eux le génie des deux Bacon, de Shakespeare et de Newton. Les Tudor — la seule dynastie indigne qu'ait eue peut-être l'Angleterre et la plus despotique, à cause des formes légales dont elle eut soin d'envelopper ses excès — contribuèrent, eux aussi, à faire pénétrer dans les populations le respect de la loi, devenu

chez elles si général et si profond. Enfin, les succès alter-
natifs des guerres civiles entre les Lancastre et les York,
ainsi que les vicissitudes des réactions protestantes et
catholiques, qui remplirent le seizième et le dix-septième
siècle, achevèrent de former le caractère anglais en dé-
veloppant ce sens pratique qui naît du besoin de s'ac-
commoder, suivant les circonstances, à un nouvel ordre
de choses. Aussi, le registre de la vie de cette nation ne
semble renfermer qu'une seule partie : l'*avoir*.

Accumulant ainsi les progrès de toute sorte successivement enfantés par son continuel développement historique, l'Angleterre parvint à bâtir un édifice politique, où,
malgré la monarchie, la nation se trouve investie de sa
propre puissance, où, malgré les privilèges de certaines
classes, l'opinion publique domine en souveraine. Au
sommet comme à la base, l'administration du pays est
soumise au syndicat de cette opinion, et, suivant l'axiome
inscrit dans le préambule des droits électifs de l'an
1303 : « Ce qui est de l'intérêt de tous doit être par tous
approuvé. »

Bien que le Parlement semble être la plus éminente
des institutions anglaises, il n'a pas cependant, à lui
seul, assuré la conquête des libertés publiques ni, à lui
seul, élargi le champ du progrès. Le régime indépendant des comtés, des bourgs municipaux, des paroisses
et des autres communautés, a également concouru à
cette œuvre. Quand l'Assemblée, qui représente l'État
à son plus haut degré, prend en mains la gestion de

la chose publique, le travail de cette gestion se trouve déjà à demi accompli par les corps actifs et autonomes qui composent l'État, la mesure des intérêts populaires est déjà établie et les vœux du pays sont déjà formulés.

Si les autres nations ne réussirent guère dans leurs tentatives pour s'approprier l'admirable organisation anglaise, c'est qu'elles purent en imiter le système parlementaire, mais non le régime de gouvernement intérieur particulier aux villes et aux provinces, où le Parlement puise la force qui lui permet de lutter contre les excès du pouvoir royal, et les lumières nécessaires pour la représentation adéquate de l'esprit du pays.

Tous les résultats qu'on peut recueillir d'une institution, l'Angleterre a su les obtenir de son Parlement. L'Assemblée qui, appelée la *sage* pendant l'ère anglo-saxonne, formait le lien fédéral entre les États souverains, devint, sous les princes normands, un lien féodal et prit le nom de Conseil commun, dans lequel ne siégeaient que des prélats ou des seigneurs, car la *Magna Charta* du roi Jean ne fut autre chose que la réglementation de la féodalité. C'est néanmoins depuis la défaite de ce même roi et sa déposition par les barons, qui s'étaient constitués « les gardiens des libertés », et qui avaient pris à leur solde l'armée dite *de Dieu et de la sainte Église*, que la représentation nationale revêtit le caractère qu'elle a conservé jusqu'à nos jours et qu'elle devint le frein de l'autorité royale. Si les nobles et les prélats purent, en 1215, se défendre avec leurs propres forces, ils durent, cinquante ans plus tard, s'allier aux villes pour résister aux nouvelles usurpations de Henri III, et le Conseil commun, s'élargissant afin de donner accès aux députés bourgeois, prit enfin le titre de Parlement. Les barons, plus nombreux en Angleterre qu'ailleurs, y étaient aussi moins forts, et les princes du sang, qui auraient pu acquérir une puissance redoutable, s'exterminèrent entre eux : plus de quatre-vingts périrent durant les longues guerres des Deux Roses. Telles sont les causes de l'alliance forcée de la noblesse avec le peuple contre le trône d'Angleterre.

De leur côté, les rois fortifièrent les prérogatives des communes à l'effet de contre-balancer le pouvoir des nobles, et, en 1303, époque mémorable pour la Chambre des communes, Édouard I\ :sup:`er` lui reconnut solennellement le droit de voter les impôts. Les guerres du pays de Galles, d'Écosse, puis de France, augmentèrent les concessions faites par le roi au Parlement, afin d'en obtenir de nouveaux et plus importants subsides ; l'ambition même du monarque contribua, à son tour, à la liberté de la nation. Édouard II accorda le droit de pétition, et Édouard III la responsabilité des ministres.

Ce n'est pas que les princes anglais se fissent scrupule de violer les prérogatives octroyées; mais le Parlement possédait assez de force pour en imposer le respect. L'historien Hume, à propos d'un roi qui avait dû ratifier vingt fois ces prérogatives, remarque qu'il avait dû les léser un nombre égal de fois. Le quatorzième siècle, rempli déjà par les victoires du Parlement, s'achève par une nouvelle et irréfragable preuve de sa puissance : la déposition de Richard II. Les Communes s'associèrent cette fois aux barons dans l'exercice de la souveraineté la plus haute, et ne tardèrent pas, sous le règne des Lancastre et des York, à s'emparer du gouvernement jusqu'à se faire rendre compte de l'emploi des subsides et à changer, non seulement les ministres, mais le confesseur même de Henri IV. Le protocole parlementaire de l'an 1482 porte la formule : « Accordé par le roi et par les lords, avec le consentement des communes. ».

La dynastie des Tudor marque l'âge de servitude du Parlement : quand elle ne le condamne pas à l'absence, elle le force à la soumission. Sa tâche se borne à pourvoir de victimes le lit conjugal de Henri VIII, toujours affamé de nouveau sang, et à satisfaire l'esprit jaloux et vindicatif de la reine Élisabeth. On invente alors les subsides *bénévoles ;* on crée la Chambre étoilée ; on vote la loi martiale et l'on copie, au préjudice des catholiques, l'inquisition espagnole.

Ce furent les Stuarts qui expièrent le despotisme des Tudor : Charles Ier, de son propre sang, Jacques II et sa postérité, de leur trône. Autant il avait été rabaissé, autant le Parlement se releva sur les ruines du pouvoir royal, dans les deux périodes qui se succédèrent, l'une d'indépendance spirituelle, l'autre d'indépendance politique. En effet, Charles Ier tomba pour avoir arbitrairement décrété le culte épiscopal, plutôt que pour avoir violé les privilèges du Parlement. L'assemblée fit la guerre au monarque; mais le soldat qui chantait les psaumes sacrés hérita de la couronne.

Ce n'est pas la république, mais une ère biblique, qui suivit le meurtre du roi. La tyrannie spirituelle n'en avait pas moins entraîné dans l'abîme la tyrannie politique. En 1688, le Parlement accomplit ses destinées en détrônant la lignée des anciens rois et en stipulant avec la nouvelle dynastie de Nassau un nouveau contrat national, au maintien duquel il a veillé et veille incessamment.

Toute la politique d'Angleterre fut l'œuvre des deux Chambres, et surtout de la Chambre des communes, à qui reviennent aussi bien le mérite des grandes entreprises accomplies que la responsabilité des grandes erreurs commises par la nation. C'est au Parlement qu'il faut attribuer les guerres magnanimes soutenues contre Louis XIV et Napoléon Ier, contre l'infâme traite des noirs et l'insolent droit de visite; la justice enfin rendue à l'Écosse et la persécution jamais assez amendée de l'Irlande; la supériorité irrévocablement acquise sur mer et la perte des colonies des États-Unis; le modèle des procédures pour les délits politiques et l'excitation à la corruption électorale; l'exemple, que l'Europe n'a pas imité, de l'absence d'une armée permanente, et aussi l'exemple, trop suivi celui-là par les autres pays, de la monstrueuse dette publique. C'est bien à lui enfin qu'est dû le mécanisme des deux partis, les Tories et les Whigs, qui alternent au pouvoir pour assurer l'influence de la nation à l'étranger ou pour développer à l'intérieur les réformes nécessaires ; et tel est le patriotisme ou telle l'habileté des deux partis qu'il est rare que l'un d'eux ait voulu arriver au gouvernement avant que l'opportunité de sa mission fût manifeste aux yeux de tous.

Si, toutefois, le Parlement a atteint un si haut degré de splendeur et s'il a si efficacement contribué à la prospérité de l'Angleterre, c'est parce qu'il n'a jamais cessé de représenter la nation dans tous ses éléments constitutifs et qu'il ne s'est servi, dans l'exercice du gouvernement, que des pouvoirs absolument indispensables à l'accomplissement de sa mission. Au-dessous et autour de lui, la vie circule partout libre et sans entraves : les provinces, les villes, toutes les entités civiles et sociales pourvoient d'elles-mêmes à leur propre conservation et à leur développement.

Certes, entre les différentes classes qui prennent part à la gestion de l'État, il existe une inégalité humiliante pour le peuple anglais ; mais on rencontre rarement ailleurs l'égalité qui existe là entre les plus intéressés, c'est-à-dire les contribuables, pour la participation à l'administration publique de chaque centre. Or, l'Angleterre a ceci de particulier que tout groupe d'individus, formé spontanément ou réuni pour un but déterminé, crée un pouvoir qui se perpétue et demeure tout-puissant dans la sphère où il se meut. C'est de ces êtres, complets en eux-mêmes et distincts entre eux, que dérive la puissante vitalité des peuples de la Grande-Bretagne.

L'alliance des nobles et des bourgeois, grâce à laquelle put se fonder la liberté anglaise, repose encore sur ses bases premières et conserve encore ses forces respectives : les comtés et les bourgs municipaux. Les comtés, grandes agglomérations rurales, affectent des formes aristocratiques, tandis que les populations des villes, affranchies dès le treizième siècle et égalées aux barons, gardent un régime presque démocratique. Mais, chez les unes comme chez les autres, de nombreuses assemblées délibèrent et administrent, sans que l'intervention de l'État dépasse jamais, en n'importe quelle branche des services publics, les bornes de la surveillance. Les paroisses, ces cellules constitutives de la vie morale de l'Angleterre, jouissent d'une plus grande indépendance encore dans l'administration du culte, de l'instruction publique et de la bienfaisance. Il est vrai qu'il s'est révélé de nos jours une tendance à soumettre indirectement à l'État et à centraliser quelques branches de l'administration publique, comme on le voit dans la loi de 1870 concernant les écoles primaires et professionnelles et les réunions des paroisses, ainsi que dans la Commission centrale créée à Londres en 1830 pour l'assistance des pauvres. Cette dernière, la plus étendue peut-être des administrations publiques, comprend la reconnaissance légale du droit du pauvre sur la société, doctrine qui remonte au seizième siècle, et que professe l'Angleterre en dépit des protestations de presque tous les économistes anglais.

Aucune échelle hiérarchique, ni aucune symétrie de proportions ne règlent les rapports des circonscriptions, qui diffèrent entre elles par le nombre des habitants comme par le mode du régime et que rien ne relie l'une à l'autre. Le comté d'York, par exemple, contient une population de 2 millions d'âmes, tandis que celui de Rutland n'en compte guère que 23 000. Parmi les comtés, les palatins se distinguent des autres par une administration particulière, et quelques-uns se subdivisent, à leur tour, en d'autres corps provinciaux ayant un budget spécial. Les cent soixante-quinze bourgs municipaux, tels qu'ils furent reconnus par la loi de 1835, conservent encore intactes les divisions sociales de leurs origines historiques et ne se ressemblent guère davantage. Même les plus petites localités, les *liberties extraparochials*, et les autres que les récentes lois de 1858 et 1860 autorisent à subsister telles qu'elles étaient, ou en se groupant ensemble, maintiennent toujours les institutions grâce auxquelles elles se sont développées.

Alimentées par une aussi large liberté, non seulement les villes ont atteint un très haut degré de splendeur et de prospérité, mais les associations particulières se sont élevées à une puissance inconnue sur tout le continent, et non pas d'hier, mais dès l'époque où le royaume d'Angleterre renfermait à peine plus de 4 millions d'habitants. Tandis que la reine Élisabeth ne jouissait que d'un revenu de 600 000 livres sterling, les villes commerçantes lui fournirent quatre-vingts vaisseaux pour résister à l'agression de Philippe II, et de simples navigateurs dépossédèrent l'Espagne de ses colonies. Le dix-septième siècle vit s'établir les Compagnies qui devaient dominer 60 millions d'âmes dans les Indes et monopoliser le commerce de l'Amérique. Un négociant faisait bâtir de ses deniers la Bourse de Londres, et Londres, détruite par un incendie, se reconstruisait en trois ans. D'autres particuliers élevaient des hospices, des écoles, des établissements scientifiques et philanthropiques de tout genre. L'école de Winchester, fondation privée, rapporte actuellement à son directeur la somme de 100 000 livres. Les fonds de secours pour les indigents, fournis et administrés par des particuliers, dépassent 200 millions par an. Il n'y a rien de plus ordinaire que de trouver, dans toute entreprise industrielle du monde, une part de capitaux anglais; comme il n'y a rien de plus rare que de rencontrer, dans un centre de population de la Grande-Bretagne, un agent du gouvernement.

La grandeur de cette nation est devenue l'un des instruments les plus merveilleux du progrès européen. C'est elle qui a poussé à la résistance contre la politique d'envahissement de Philippe II, de Louis XIV et de Napoléon Iᵉʳ. Et tandis que, sur le continent, elle se constituait le principal élément conservateur de l'équilibre des puissances, elle fondait, en Asie et en Amérique, des empires et des colonies qui enrichissaient le patrimoine de l'Europe. Si, au

contraire, elle avait étendu ses conquêtes sur le continent
européen, quels affreux désordres n'aurait-elle pas causés,
sa nature exceptionnelle ne lui permettant de rien s'assimiler ! Il semble que le peuple anglais l'ait en quelque
sorte pressenti, quand il refusait des subsides à Richard II
et à Henri IV qui guerroyaient en France, de crainte
qu'ils ne s'emparassent de la couronne de ces pays, et
quand il empêchait Élisabeth d'épouser un prince français.

En effet, l'Angleterre a pu mesurer, par les désastres
qui l'ont frappée à certaines époques et par les temps
d'arrêt qu'a subis sa prospérité, les degrés qu'il lui était
permis de monter sur l'échelle de la puissance. Les Plantagenets et les Lancastre s'étaient rendus maîtres d'une
grande partie de la France : ils avaient proclamé régent
de ce royaume leur Henri V et s'étaient avancés au-
delà des Pyrénées. Mais leurs conquêtes ressuscitèrent
le sentiment national des Français, et elles eurent pour
conséquence trente années de guerre civile et d'anarchie à l'intérieur. A la grandeur d'Élisabeth et de Crom-
well succéda la faiblesse des Stuarts. La France et l'Espagne imposèrent à Charles Ier une paix moins qu'hono-
rable ; Charles II vit, des bords de la Tamise, une flotte
hollandaise menacer Londres ; et deux grandes révolutions
éclatèrent le lendemain de deux ères de gloire.

Le dix-huitième siècle enfin s'étoila des victoires remportées par l'Angleterre sur tous les champs de bataille et
sur toutes les mers. L'Espagne et la France furent di-

minuées, le Portugal subjugué, et la Hollande, son émule, abattue. Et cependant, ce siècle, si glorieux pour le peuple anglais, s'acheva par une effroyable insurrection dans les Indes, par l'émancipation des colonies qui devinrent les États-Unis, et par une guerre terrible qui faillit ranger en bataille, contre lui, une grande partie de l'Europe. La haine des principes révolutionnaires de la France et de l'ambition effrénée de Napoléon put seule détourner la colère des nations, surtout de celles du Nord, que l'excessive prépondérance de la Grande-Bretagne avait soulevées contre elle.

CHAPITRE IX.

La France, telle qu'elle est constituée aujourd'hui, soit par la cohésion de son territoire, soit par le caractère des institutions qui la régissent, doit être mise au nombre des nations qui comptent leur âge à partir d'une date récente. Au commencement du quinzième siècle, on ne sait pas encore si une partie de ses provinces, et la plus considérable, ne deviendra pas l'apanage de la couronne d'Angleterre, si une autre partie ne se réunira pas à l'Espagne et à l'Empire, si une troisième enfin ne prendra pas l'aspect d'un état indépendant. Deux siècles plus tôt, quand la Loire semblait encore séparer la Gaule des Francs de la Gaule des Romains, dans la région la plus orientale, en Provence, il s'était déjà formé une langue singulièrement gracieuse, que d'élégants écrivains, préoccupés de trouver des formes nouvelles plus appropriées aux idées de la civilisation renaissante, propageaient dans les pays d'alentour, tandis qu'à l'extrémité opposée, dans la Normandie occupée encore par l'étranger, on articulait à peine le lumineux langage qui est aujourd'hui celui de toute la France.

L'organisation politique ne fut pas moins modifiée que l'ancienne configuration nationale, puisque le roi de France qui, dans la période des descendants directs de Hugues Capet jusqu'à Philippe le Bel et dans la série des Valois jusqu'à Louis XI, représentait le monarque le plus faible que le régime féodal eût placé en face des vassaux les plus indépendants, put, au contraire, à l'avènement des Bourbons, concentrer en lui toutes les forces de l'État, tous les pouvoirs de la société. Et lorsque l'autorité royale, à force de s'accumuler, eut pris des proportions telles qu'on n'en retrouve point d'égales, à la même époque, dans tout le reste de l'Europe, le faisceau de la souveraineté tomba tout entier (fait nouveau et sans exemple) entre les mains de l'universalité des citoyens, d'où il ne sortit plus que sous la forme de délégation à des empereurs de soldats ou à des rois liés par un pacte explicite. De ce fait seul, il est déjà permis de déduire combien sont toujours excessifs les changements qui se succèdent dans ce pays.

Toutefois, la mobilité de ses ordres politiques sautant d'un extrême à l'autre s'explique par les conditions exceptionnelles qui lui sont propres. En effet, les transformations, d'où est sortie la France actuelle, ont été produites par deux causes inhérentes à sa situation géographique et au caractère de ses habitants. La première dérive de la rencontre inévitable et presque continuelle des anciennes races latines avec les nouvelles races germaniques, que les Alpes ne séparent point. La seconde réside dans la merveilleuse faculté que possèdent ces peuples de s'assimiler et de refondre dans leur capacité universelle, comme dans une matrice, tout ce qui a jamais, de toute part, pénétré chez eux.

Frontière extrême que la civilisation romaine avait, d'un sillon profond, tracée au nord, les Gaules devinrent le plus solide, sinon le premier établissement des nations germaniques. Il en résulta que le germe semé par ces dernières, c'est-à-dire l'extension indéfinie des forces individuelles, se développa sur le même sol où dominait le principe romain, à savoir la coordination des droits des individus. De ces éléments divers qu'elle s'était successivement assimilés, la France essaya de former un type nouveau de condition sociale, en procédant, il est vrai, par de subits soulèvements de masses tumultueuses et par d'exorbitants empiètements de pouvoir de la part des plus forts, suivant la nature des races septentrionales, mais néanmoins avec une évidente aspiration à un idéal d'équité sociale, selon l'esprit de l'antique Rome. Les raisons qui ont empêché cette tentative de réussir, je les dirai plus loin.

Nulle part ailleurs la chaîne féodale ne laissa plus facilement passer à travers ses étroits anneaux l'enthousiasme populaire, lorsque les Croisades, assurant à la classe des serfs un rachat momentané, firent déborder l'Europe en Asie, comme pour renouveler les grandes émigrations qui, dans les âges précédents, avaient fait passer l'Asie en Europe. C'est en France que le cri : « Dieu le veut ! »

qui, pareil à la foudre, courait embrasant toutes les régions des bords de l'Océan à la Méditerranée, suscita plus fréquemment les armées les plus nombreuses. Et la mobilité avec laquelle ces peuples, semblables aux flots qu'agite le souffle des vents, prenaient, dès lors, les résolutions les plus soudaines, n'a cessé d'être le trait le plus remarquable de leur caractère.

Dans plus de cent États distincts, tels que l'étaient alors les fiefs du royaume de France, se recrutèrent plusieurs centaines de milliers d'hommes, sous le commandement des grands barons et quelquefois des moindres d'entre eux, l'un desquels était si pauvre qu'on l'avait surnommé le baron *sans avoir*; ils s'assemblèrent au contraire rarement sous l'empire du roi, quoique la dignité royale fût héréditaire en France. De vastes royaumes en Asie et même tout un empire devinrent ainsi l'héritage de simples barons, tandis que le prince souverain, Philippe Ier, par exemple, ne possédait que cinq ou six villes pour son domaine particulier.

Un duc de Normandie avait précédemment conquis le royaume d'Angleterre, comme plus tard un comte de Provence conquerra le royaume des Deux-Siciles sur la Maison des empereurs de Souabe, et un duc de Bourgogne possédera les deux royaumes des Pays-Bas. Car le régime fédéral des barons se prolongea jusqu'à l'époque de Louis XI qui, après en avoir été le défenseur avant son avènement au trône, en entreprit depuis la ruine méthodique et irréparable.

Les historiens français cherchent les causes de la grandeur de leur nation plutôt dans son unité, relativement récente, que dans les fréquentes et profondes révolutions qui renouvelèrent ses forces, de telle sorte qu'un peuple nouveau semble prendre la place d'un peuple qui s'éteint. Ils font remonter à Philippe-Auguste le premier affermissement de la puissance royale et même à des monarques plus anciens. Or, on lit en tête d'une *ordonnance* de 1200 : « Philippe, roi de France, Eudes, duc de Bourgogne, Hervey, comte de Nevers, Guy de Dampierre et autres gentilshommes du royaume de France se sont accordés à l'unanimité et ont arrêté ce qui suit par consentement mutuel. »

Le même prince, Philippe-Auguste, ne se crut sûr de l'appui des barons contre les nouvelles menaces du roi d'Angleterre, même après la bataille de Bouvines, et contre celles du pape, qu'après avoir reçu d'eux, par écrit, la promesse formelle qu'ils le soutiendraient contre l'un et l'autre. Saint Louis, voulant savoir lesquels parmi les nobles restaient ses alliés, obligea les possesseurs des fiefs à déclarer de qui ils les tenaient, de lui ou du roi d'Angleterre. Ce monarque français, l'un des plus grands sans aucun doute par son autorité morale, avait conservé un tel respect à l'égard des autonomies seigneuriales que la « ligue du bien public », formée par les nobles contre Louis X, n'énonçait que le vœu « de voir rétablir les bons usages du roi saint Louis ».

Le roi n'osait exprimer hautement sur qui se portait sa

préférence parmi les prétendants à un fief, comme dans les compétitions pour le duché de Bretagne, et il ne réussissait que rarement à réconcilier les barons dans leurs luttes perpétuelles. En 1328, Philippe VI reconnaissait encore à trente et un seigneurs le droit de battre monnaie.

Les grandes seigneuries restèrent bien des fois vacantes. Pourquoi donc les monarques, qui en gratifiaient leurs parents et leurs favoris, ne les incorporaient-ils pas à leur propre domaine ? Ils l'augmentèrent, au contraire, selon les usages introduits à la suite des invasions, par des mariages, par des héritages et des appropriations dans les cas de félonie. Néanmoins, ils ne devinrent, pour ainsi dire, que les feudataires d'eux-mêmes. Acquis par ces moyens, les duchés et les comtés, qui en ce temps-là portaient indistinctement le titre de royaumes, restèrent toutefois séparés les uns des autres, comme, pour ne citer qu'un exemple entre mille, les États de Toulouse, de l'Agénois, de Rouergue et de Quercy, qui furent annexés en 1271 à la couronne de Philippe IV, mais non pas au royaume de France. Ces provinces jurèrent fidélité, sous réserve de conserver le cod eromain, la liberté inscrite dans leurs statuts et la faculté de se taxer elles-mêmes.

C'est surtout comme chefs de famille de nombreux et grands feudataires que les rois de France se montrent puissants. Philippe le Bel, dans la lutte où il réussit à abattre le courageux Boniface VIII, se prévalut surtout des forces et du prestige que possédait la branche des Angevins, qui, de la Provence à la Ligurie, tenait la papauté enfermée dans un empire de Guelfes. Les six successeurs de Boniface, qui avaient tous vu le jour dans le midi de cette contrée, succombèrent à Avignon moins sous l'influence du roi de France que sous celle des rois de Naples, qui étaient en même temps princes de ces pays où ils avaient fixé leur demeure et d'où ils tiraient leur origine. De cette manière, la Provence se vengea en partie de la guerre d'extermination qui, prenant prétexte de l'hérésie des Albigeois, avait détruit les libertés de ses villes, sa belle littérature et l'ascendant qu'elle exerçait sur les autres provinces. Elle tomba en esclavage, mais elle put contempler dans son propre sein « la captivité de Babylone », comme les catholiques ont appelé le séjour des papes à Avignon.

Le cycle du treizième siècle s'était ouvert en posant ce dilemme : ou la France entière s'organisera, comme le Midi, en communes libres, ou elle restera, comme le Nord, un pays de seigneuries. Les communes, en France et en Allemagne, s'étaient formées à l'exemple de l'Italie, mais avec cette différence qu'ici elles s'arrogeaient le droit de se constituer politiquement, tandis qu'en France elles se bornaient à modifier leurs rapports avec les feudataires. En Italie, la souveraineté de ces derniers était complètement abolie ; en France, seulement tempérée : Guizot lui-même en convient. Cambrai qui, pendant presque un siècle, lutta contre son évêque et baron et qui offrit l'exemple de l'aspiration à la liberté, peut-être la plus hardie qui se soit manifestée parmi les communes françaises, ne tendait qu'à se substituer à son seigneur, qu'à devenir même son propre feudataire, et elle invoquait dans ce but l'intervention du roi : intervention qui devait causer sa perte, comme elle causa celle de plus d'une autre commune dans des conditions analogues.

D'ailleurs, les actes constitutifs des communes variaient à l'infini. Octroyés ou consentis par les barons, tantôt ils se modelaient sur ceux de Laon, de Noyon, de Soissons, de Mons et de Saint-Quentin, tantôt ils se réduisaient à d'humbles chartes de bourgeoisie et de prérogatives, principalement quand les communes étaient situées dans les domaines particuliers du roi. Parmi ces chartes, les plus connues et les plus imitées furent celles de Lorris et d'Orléans, avec les échevins, les consuls, les duumvirs à la mode romaine qu'on trouve à Saintes. Elles se teignaient, en outre, suivant Augustin Thierry, du caractère des nations les plus proches : de l'Angleterre à l'ouest, de l'Allemagne à l'est et de l'Italie au midi.

Les villes de Provence, voisines du grand foyer de la révolution communale, reprirent avec plus de promptitude et de vigueur les formes des institutions municipales qui déjà y avaient prédominé, et Marseille, Avignon, Toulouse, jouirent d'un gouvernement presque libre : à peine avaient-elles laissé aux seigneurs quelques privilèges et le commandement des milices. Elles nouaient des alliances entre elles et traitaient les affaires communes dans de grandes assemblées, comme celle de Tarascon en 1146, et celles qui, antérieurement, se tinrent à Narbonne et dans le Béarn. Si elles avaient osé faire un pas de plus, elles auraient rivalisé avec les républiques italiennes ; et, sans aucun doute, si le mouvement des libertés populaires, qu'avait ralenti la fatigue du chemin parcouru, avait trouvé un nouvel aliment au pied des Alpes, il se serait étendu par toute la France.

Le péril était imminent pour la féodalité ; aussi, en 1208, une confédération de barons du Nord se forma-t-elle pour détruire celle des communes du Midi. Ce n'était pas le roi qui commandait la confédération des barons, baptisée du nom de *Croisade*, parce qu'elle avait pour but apparent la répression des Albigeois, mais l'élu de ses pairs, Simon de Montfort, un petit seigneur des environs de Paris, sous les ordres duquel le Dauphin combattait, non comme fils du monarque, mais comme allié. Le Midi succomba encore une fois : les barons l'emportèrent ; mais la lutte entre les deux courants irréconciliables ne tardera pas à recommencer sous d'autres formes, pour un certain laps de temps, et ne profitera qu'au roi.

La législation romaine, qui régissait le Languedoc et la Provence, était considérée dans les autres régions comme une science sacrée, comme la raison écrite, ainsi qu'on la définissait au treizième siècle. C'est à elle qu'on recourait dans l'insuffisance et la confusion des lois et des coutumes barbares. En la pratiquant et en s'en faisant les dépositaires, les rois de France s'élevèrent, grâce à elle, au rang d'arbitres suprêmes dans les conflits entre les barons comme dans les différends entre les seigneurs et leurs sujets. Ils furent les grands juges de la nation. En parcourant l'histoire des peuples, on retrouve l'origine du pouvoir dans l'empire des lois aussi bien que dans l'empire des armes. L'esprit d'égalité, fondement de la loi romaine, devait être et fut en effet la règle dont les princes se servirent pour niveler les différents ordres des castes féodales; ils surent se prévaloir contre eux des forces de leurs ennemis naturels. Mais, aussitôt que les grands furent domptés, les rois supprimèrent les communes, oubliant l'appui qu'ils en avaient reçu en faveur de leurs prétentions, et s'érigèrent en défenseurs de la bourgeoisie, qui seule flottait sur l'océan obscur du peuple de ces temps. Philippe-Auguste et saint Louis l'avaient admise dans le conseil de la couronne; Philippe le Bel l'introduisit dans la représentation nationale, en 1302, jugeant opportun d'effacer, par ce nouvel honneur, le souvenir des torts que lui avaient faits la cruauté et la mauvaise foi de son gouvernement. C'était l'heure où le zèle de ce récent champion de l'État pouvait s'opposer aux prétentions de son antagoniste dans le pouvoir, le pape.

Les États généraux en France ne furent pas engendrés par les mêmes causes qui, chez d'autres nations, produisirent les assemblées nationales. Ailleurs, celles-ci étaient nées des victoires remportées par les seigneuries féodales ou par les communes sur le trône; ici, la faiblesse du monarque n'ayant pas rendu nécessaire un rempart contre ses abus, elles furent au contraire créées ou du moins rajeunies par le monarque lui-même, dans le but d'obtenir l'appui unanime de tous les ordres de l'État. Et elles ne furent pas inaugurées avant que le Tiers État pût en faire partie et eût acquis assez de force pour modérer l'indépendance innée des deux autres éléments.

Depuis l'an 1302 jusqu'en 1789, les États généraux furent convoqués trente-cinq fois et, sous les règnes les plus célèbres ou les plus puissants, ils ne se réunirent presque jamais. Durant les guerres désastreuses contre les Anglais, ils ne contribuèrent que faiblement à la défense nationale, ils n'introduisirent jamais aucune réforme essentielle et se bornèrent, en général, à voter des subsides et à présenter des pétitions. Il est permis d'affirmer que, comme institution destinée à manifester régulièrement les forces du peuple, ces assemblées n'eurent aucune influence jusqu'à la fin du siècle dernier, époque où non seulement les États généraux, mais l'essence même de la société française s'est transformée.

Il faut étudier le Tiers État, qui est l'élément social appartenant en propre à cette nation et dont on ne retrouve pas ailleurs l'équivalent, moins par rapport aux États généraux, où jamais il ne joua un rôle considérable, qu'en lui-même, soit pour les causes d'où il procéda que pour les effets qu'il produisit, en forçant la France à passer de la monarchie absolue à la démocratie absolue.

Jusqu'au quinzième siècle, jusqu'à l'extinction complète

des communes, les bourgeois (car la dénomination de *tiers état* ne date que des États généraux, réunis à Tours en 1468) nommaient encore, en plusieurs provinces, particulièrement dans la Bourgogne, le Languedoc, le Dauphiné et la Provence, leurs propres députés en même temps que les nobles et le clergé; et souvent les députés des trois classes délibéraient ensemble. Mais, au siècle suivant, la séparation des ordres était partout complète, dans les élections et dans les assemblées. Les castes privilégiées, à la veille de disparaître, exagérèrent alors, comme il arrive toujours, les caractères de leur origine. La bourgeoisie, qui avait déjà eu de la peine à se constituer dans les villes d'accord avec les deux autres ordres, se voyant à présent repoussée par eux avec dédain jusque dans les collèges électoraux de la représentation nationale, s'isola dans les limites de la classe où on la reléguait. L'appui qu'elle ne pouvait demander aux districts où elle était répartie, la bourgeoisie le chercha dans la monarchie qui consentit à la protéger, non comme la mandataire des villes diverses, mais comme le corps ou l'ensemble d'une seule classe.

Recrutée dans toute la France et privée de bases propres et partielles, la bourgeoisie n'a pas échappé au sort des agglomérations : elle eut un chef, le roi, et un centre unique, la capitale, Paris. Les intérêts qu'elle entreprit de faire valoir semblèrent dès lors plutôt ceux d'un être moral que ceux de la patrie réelle, et ne tardèrent pas à se confondre, dans un but commun, avec les intérêts de la couronne. Puis, quand les couches inférieures s'élevant successivement l'eurent accrue et qu'elle devint peuple, elle parvint à régner pour son profit exclusif, mais seulement à l'aide de la dictature des Napoléons ou d'une Commune centrale. Universalité compacte, rendue telle par les conditions de son propre développement, elle eut la force d'égaler les droits de tous, mais elle n'eut pas les moyens de protéger ceux de personne, à cause de l'amas exorbitant des initiatives mises en commun, puis parce que les garanties partielles étaient nulles et non réparties. Transférée, sous cette forme, du prince au peuple, la source de l'autorité se rapprocha plus du type abstrait de l'État byzantin que du type pratique de l'État romain, qui résultait des groupes sociaux des municipes.

La première manifestation des forces de la bourgeoisie française, à son état embryonnaire, correspondit de tout point à la période de son plus grand développement et de son triomphe définitif. La moitié de la nation, foulée aux pieds par les Anglais victorieux, leur était livrée par le roi dans un traité ignominieux qui souleva la colère de toutes les classes et qui fut repoussé par les États généraux. Cette assemblée, pénétrée du devoir sacré de sauver la France en la réorganisant dans toutes ses parties, proposa de larges et profondes réformes, sans toutefois oser les mettre à exécution. La bourgeoisie eut seule l'audace qui manqua au corps entier de la représentation nationale : elle remplaça les deux autres ordres et, avec le soutien de la ville de Paris, elle se chargea du gouvernement de la nation, en révolte ouverte contre le monarque. Aucune ville cependant ne suivit le mouvement de la capitale, et ne seconda les bourgeois : la Jacquerie seule répondit à leur appel en massacrant dans les campagnes tous ceux qui n'avaient point « les mains calleuses ». La direction de la Commune de 1357, ainsi que la présidence du Tiers État, dans la plupart des États généraux qui suivirent, fut décernée (trait historique à retenir) à la première autorité municipale de Paris, le prévôt des marchands.

La facile et sanglante répression de sa première tentative d'indépendance avertit le Tiers État que de longtemps il ne pourrait rien sans le chef qu'il s'était déjà donné, et il redevint l'auxiliaire docile du roi. Les forces qui lui firent défaut dans sa lutte contre celui-ci suffirent, après leur accord, à réduire à l'impuissance son adversaire naturel, la noblesse. Louis XI arma Paris et les bourgeois contre la coalition des barons révoltés, il traita avec le Tiers État séparément, à Rouen et ailleurs, comme avec une armée dont il fallait relever le prestige pour vaincre avec elle. Grâce à cet allié, il parvint, en décapitant les grands vassaux et en supprimant les prérogatives des autres, à jeter les premières assises de la monarchie absolue en France. En 1614, l'allié est déjà descendu au rang de courtisan et le Tiers État, déférant aux vœux de Marie de Médicis, qui le conjurait d'envoyer à l'assemblée « des gens affectionnés au roi », répondait en élisant, sur cent vingt-deux députés, cent trente et un officiers de la

Couronne. Richelieu consomma l'œuvre et abattit la féodalité, seul, sans avoir recours à l'ancien complice de l'usurpation royale.

Le caractère sacré que s'attribuèrent les rois de France et le don infus de sainteté qui leur permettait de guérir les écrouelles et autres infirmités avaient fait d'eux presque les chefs du clergé, comme le fief de la couronne royale, héréditaire dans leur famille, les avait rendus seigneurs souverains des barons.

Or, plus que vaincus et subjugués, absorbés par la monarchie, les deux ordres privilégiés cessèrent d'être même ses satellites pour ne former que l'auréole qui environne le soleil éblouissant : aspect sous lequel apparut Louis XIV. L'État, transféré ainsi dans la personne du monarque, fit de lui un être presque surnaturel. C'est Bossuet qui l'a dit : « O rois, vous êtes des dieux! »

L'astre s'éteignit dans le cataclysme de 1789. Alors, la masse ténébreuse qui était au fond et d'où toute lumière avait été soustraite, prit sa place et se revêtit à son tour de la même splendeur. A la dynastie dont le nom était *Un*, se substitua la dynastie dont le nom est *Tous*. Le monarque a changé, mais l'État est demeuré tel qu'il était auparavant, amalgamé, nivelé, uni, compact, sans inégalités, mais aussi sans variété. Toute distinction de castes, d'églises, de communes, de fiefs, de provinces et d'assemblées avait cessé d'exister.

Les dernières prérogatives de la Commune furent supprimées par l'édit de l'Hôpital, qui, en 1566, leur retirait la juridiction civile, « afin d'arriver, déclarait l'édit, à l'unité de l'État, » et par Colbert, qui, en 1569, lui interdisait de prélever des impôts, d'aliéner, d'emprunter, de plaider et de se réunir, « parce qu'il ne convient pas, disait le ministre, qu'un seul parle au nom de tous ». On nommait les intendants tuteurs des communes, et l'on vendait les charges municipales au profit du fisc. On abolissait la division des provinces en trente-deux généralités de finance, en dix-neuf de pays d'élection et en treize de pays d'États. La Bourgogne, la Provence et le Languedoc qui, parmi les pays d'États, furent les derniers à perdre leur autonomie, furent aussi les seules provinces « qui eussent gardé longtemps encore leur ancienne prospérité », ainsi que le baron Mounier l'a prouvé, avec documents à l'appui, dans son rapport à la Chambre des pairs, en 1837. Turgot avait un instant voulu les ressusciter, mais en vain. Excepté lui et peut-être Mazarin, les plus grands hommes d'État de la dynastie des Bourbons : Sully, Richelieu, Colbert, se sont tous également attachés à achever l'édifice de la concentration.

A partir de 1614, plus d'États généraux ; à partir du dix-septième siècle, plus d'assemblées provinciales ou d'États. Les parlements, où s'était réfugiée la censure des abus, ne sont plus que de simples cours de justice. Les Églises protestantes des Albigeois, des Huguenots, des Jansénistes, des Quiétistes sont détruites, et l'Église catholique, devenue Église nationale ou gallicane, en vertu de la déclaration de 1673, est presque réunie à l'administration du royaume. Le commerce enchaîné obéit à la direction du gouvernement, dès les temps de Catherine de Médicis, alors qu'un Italien, Birague, avait inauguré le système protectionniste. Le droit au travail, suivant le principe émis par Henri IV, est réglé par le pouvoir royal. Même le droit de propriété émane du roi, car, ainsi que Louis XIV le déclare dans ses Mémoires, « le roi est le maître absolu et dispose librement de tous les biens de ses sujets, séculiers ou ecclésiastiques ». La nation fut, de cette manière, transformée en une armée, dont la discipline la plus rigoureuse pouvait seule protéger le lien unique et l'empêcher de se rompre : toutes les libertés partielles durent être sacrifiées au bien commun.

Plus tard, la démocratie recueille les dépouilles de la monarchie et prend sa place, mais à la condition inexorable de confier le commandement suprême au chef des soldats ou à la commune de la capitale.

Cependant, la France, ainsi constituée, s'est élevée plus d'une fois à l'apogée de la grandeur parmi les nations et a atteint un degré de prospérité presque sans égale, de sorte que ses antagonistes, éblouis par une splendeur qui cache tant de cruels sacrifices, tant de dangers éminents et toujours imminents, s'élancent sans prévoyance dans la voie qu'elle a récemment parcourue. Quel prestige, en effet, n'ont-elles pas exercé sur toutes les imaginations les deux époques de Louis XIV et de Napoléon Ier, ces deux rénovateurs funestes du droit absolu de la monarchie et du droit dictatorial du peuple ! Le premier donna à l'Europe la paix de Nimègue, rétablissant à son profit la prépondérance qui avait appartenu à l'empire hispano-autrichien ; mais au traité de Nimègue succédèrent la ligue d'Augsbourg et la coalition européenne, et son règne fut suivi par les opprobres du règne de Louis XV et par les malheurs ineffables de Louis XVI. Le second, nouveau Mahomet, prêche en Europe et impose par l'épée le verbe de la justice humaine : l'égalité ; mais Waterloo éclate et disperse la cour de rois dont l'homme couronné du peuple s'était entouré à Dresde. Dans l'intervalle de presque un siècle, la France se vit « deux fois dans la poussière, deux fois sur l'autel (1) ».

Les mêmes extrémités se retrouvent alternées, dans des proportions moins fortes, tout le long de son histoire. Après Philippe le Bel, invasion des Anglais suivie d'une longue suite de révolutions, entre autres la Commune de Paris, en 1357, et la Jacquerie ; après Charles VIII et la première partie du règne de François Ier, armées défaites, provinces perdues, captivité du roi, guerres civiles et religieuses.

Je ne rappellerai point l'exemple, qui est présent à toutes les mémoires, de la miraculeuse élévation de Napoléon III et de sa chute vertigineuse.

Or, en contemplant ces grandeurs démesurées qui se dénouent par de si épouvantables catastrophes, il est impossible de ne pas s'apercevoir. que le peuple français,

(1) Manzoni.

poussé par la force de sa masse, franchit les bornes dans la bonne comme dans la mauvaise fortune, faute d'institutions nationales dont la saillie, pour ainsi dire, le retienne et modère la rapidité, soit de ses ascensions, soit de ses chutes.

Si des désastres si fréquents et si gigantesques ne l'ont cependant pas réduite à une irréparable décadence, c'est que la France renouvela souvent ses sources de vie en tirant de son sein de nouveaux éléments de force quand les anciens étaient consumés, comme le mécanicien qui ne cesse d'alimenter le foyer brûlant de sa machine par de nouveau combustible. Le grand mouvement des communes, l'insurrection des paysans avec Jeanne d'Arc et les corps francs de Duguesclin, la retrempèrent lors du déclin de la dynastie des Capets. Elle puisa une nouvelle vigueur, sous les derniers Valois, dans les guerres religieuses, qui ramenèrent presque les temps du fédéralisme féodal par l'indépendance rendue aux provinces et la formation de ligues, les unes démocratiques ou catholiques, les autres protestantes ou républicaines. La nouvelle insurrection du Midi, qui amena la proclamation de la république fédérale à la Rochelle, étouffée dans le sang par Richelieu, jointe à la conspiration des nobles dans le reste du royaume, ne la fortifièrent pas moins. Les forces mêmes qui devaient coopérer à la gloire de Louis XIV s'accrurent au milieu des barricades et des sièges pendant le conflit qui, sous le nom de *Fronde*, s'étendit par toute la France et fut causé par l'alliance du parti popu-

laire avec l'aristocratie parlementaire. Enfin, la société
française se renouvela tout entière en 1789, et la réforme
fut alors si profonde qu'on peut dire que la nation actuelle
date seulement de cette époque. Elle a néanmoins conservé sa structure traditionnelle, et elle continue à marcher comme une armée, avec des mouvements simultanés
et soudains; car l'œuvre de la constitution de l'an III de la
République a échoué, et c'est en vain qu'elle a tenté de
substituer à la forme adoptée par la France, depuis le
quinzième siècle, celle des *cantons* presque autonomes et
semblables aux municipes romains, qui auraient pu la
diversifier et la contenir.

CHAPITRE XII.

DE QUELQUES AUTRES GRANDES NATIONS.

Si je termine ici l'examen des institutions et des vicissitudes, qui ont tour à tour élevé et abaissé la fortune des
nations, mon devoir est de déduire les raisons pour lesquelles je me suis cru dispensé de parler des autres grands
peuples dont l'histoire a gravé l'image dans ses feuillets
d'or. Il en est parmi eux quelques-uns qui, tout en étant
parvenus à un haut degré de puissance, n'ont cependant
pas contribué, dans des proportions assez larges, à la civilisation du monde et n'ont joué qu'un rôle épisodique
dans le drame intime de l'humanité. Tels sont les peuples de la Bohême, de la Pologne et de la Hongrie. Quelques autres, comme la Suisse, ont su mériter l'affection et
exciter l'admiration des esprits réfléchis, mais non soulever l'enthousiasme général : s'ils ont possédé la vertu
qui enfante la liberté, ils ont manqué du prestige qui naît
de la force; et, dès lors, ils sont restés privés des qualités
nécessaires à l'efficacité des exemples. D'autres enfin,
dont la grandeur frappe tous les yeux, comme la Russie et
les États-Unis, n'ont conquis la splendeur qui les revêt
qu'à une époque trop rapprochée de la nôtre. Les périodes

brillantes de leur jeunesse nous sont connues, il est vrai : nous savons par où l'empire des csars et le pays de Washington ont passé pour s'élever à la région du haut de laquelle ils dominent les hémisphères qui les renferment ; malgré cela, la carrière qu'ils ont jusqu'à ce jour parcourue ne nous fournit pas assez d'éléments pour asseoir un jugement définitif et complet.

Et pourtant, que d'enseignements ne tirerait-on pas de l'analyse de la vie de ces peuples et de tant d'autres encore, dont je ne rappelle pas même le nom !

La Bohême, qui semblait vouloir prendre la direction des peuples slaves, devient l'âme de l'empire germanique. Après avoir réuni à la sienne les couronnes de Pologne et de Hongrie, elle occupe la place du premier des Électeurs, grâce aux constitutions de la Bulle d'or, et donne trois empereurs à l'Allemagne. Plus tard, ayant sacrifié sa liberté à son ambition et, en l'étendant trop, affaibli sa puissance, elle trouva encore dans ses dons naturels une nouvelle force d'impulsion, non plus pour dominer, mais pour résister. Au milieu des querelles des factions et des schismes religieux, les barons déposaient le roi, les magistrats de Prague emprisonnaient l'empereur Venceslas, et, pendant seize longues années, la nation résistait aux efforts réunis de l'Allemagne et de l'Europe parties en croisade contre elle. Il fallut qu'un concile œcuménique s'assemblât à Bâle pour pacifier enfin ce pays qu'on ne pouvait pas vaincre.

La Pologne, qui en 1772, sous les yeux de l'Europe

attendrie, expirait comme le héros d'un poème tragique au milieu des larmes du public, avait presque été, cent ans plus tôt, l'unique rempart de cette même Europe contre le second empire des Turcs. Elle possédait alors, outre le duché de Smolensk et la Lithuanie, toute la Russie Blanche ; et cette situation, quelque haute qu'elle fût, était déjà pour elle une décadence, puisque, au seizième siècle, la Pologne régnait sur la Bohême, la Hongrie et une partie de la Prusse actuelle.

La constitution des Polonais, qui n'a jamais été changée, n'accordait au roi sorti de l'élection que la faculté d'exercer le pouvoir, dont la source résidait toujours dans l'unanimité des suffrages des hommes libres, qui tous étaient nobles et égaux entre eux. Aussi, en prenant la couronne, le roi priait-il formellement la nation « de le déposer, s'il n'observait point les lois ». Outre les prérogatives des hommes libres, qu'il était tenu de respecter, et les privilèges des Palatins, qu'il pouvait nommer, mais non pas révoquer, il avait encore l'obligation de garder l'inviolabilité de l'autonomie des villes. Quelle force celles-ci tiraient des institutions qui protégeaient leurs franchises, on a pu le voir lorsque, les armes impétueuses de Charles XII ayant dispersé les troupes royales, Dantzig, Thorn, Elbing et quelques autres villes purent seules résister à l'invincible Suédois.

La Hongrie, qui fut, avant la Pologne, le bouclier de l'Europe contre les attaques des Ottomans, possédait à peu près les mêmes institutions. La couronne y était conférée par « la libre et bonne volonté des Magyars » ; le pouvoir du roi y avait pour limite les droits des nobles, qui seuls formaient le peuple. Antérieurement au déclin de sa grandeur, depuis la sanglante bataille de Mohatz jusqu'au jour où elle devint l'héritage de la Maison d'Autriche, la Hongrie avait étendu sa domination sur la Pologne et les deux rives du Danube, elle s'était emparée de Vienne et avait placé un de ses princes sur le trône de Naples.

Si les proportions du cadre qui renferme la présente revue de peuples me le permettaient, je me plairais à montrer par quel âpre et admirable chemin de dangers évités et d'obstacles surmontés la Suisse est parvenue à réaliser son idéal, à cueillir, pendant la durée de six siècles, les fruits de la prospérité intérieure.

A quelle autre nation a-t-il jamais été donné de jouir d'une pareille égalité de fortune et d'un si long bonheur? Assez semblable, quant au chiffre de la population, aux autres États qui, avant de jeter les fondements de leur future grandeur, furent tous d'une étendue bornée, la Suisse différait beaucoup d'eux par la variété des races qu'elle renfermait dans son sein et que diversifient encore aujourd'hui la langue, les mœurs, les lois et la religion. Entourée de grands empires qui s'élevèrent maintes fois et disparurent, elle put, menacée en vain, contempler tranquillement du haut de ses Alpes les bouleversements de l'Europe. Hier encore, elle s'opposait à l'orgueil et aux ardentes convoitises d'une nation, dont la puissance effrénée ne put être arrêtée, quelques années plus tard, ni par la Seine ni par le Danube. Isolée par sa forme politique, elle a cependant précédé les autres peuples dans les voies de la civilisation. C'est à Bâle, dans le pays de Vaud et à Genève que la démocratie livra ses premières batailles contre les privilèges de la noblesse, bien avant le mouvement populaire de la France. Le gouvernement par les assemblées du peuple fut institué, il y a un très long temps, dans plusieurs cantons helvétiques, surtout dans les plus commerçants et les plus riches, tels que ceux de Glaris et de Thurgovie. Ainsi, les institutions mêmes qui prémunirent la Suisse contre les agrandissements excessifs, lui garantirent la liberté et lui assurèrent la continuité du progrès.

Il ne m'eût pas été moins agréable de m'arrêter, ne fût-ce qu'un instant, à parler des États-Unis et à montrer, même de loin, l'immense accroissement de force et la haute autorité qu'ils doivent aux institutions qui les gouvernent. Toutefois, comme la république des États-Unis et l'empire des Russies représentent les deux directions opposées vers lesquelles tend, en se bifurquant, le développement du genre humain, je crois que l'étude de l'organisation propre à ces deux nations, ou plutôt à ces deux sociétés, trouvera mieux sa place parmi les déductions que nous nous proposons de tirer, dans un second volume, des faits historiques dont la certitude nous est désormais acquise.

CONCLUSION.

Le mouvement toujours plus rapide avec lequel les
nations continuent à se développer, changeant et renou-
velant tout autour d'elles jusqu'à ébranler et faire vaciller,
en apparence du moins, leurs fondements mêmes, a
éveillé tour à tour, selon les intérêts incalculables qu'il
menace ou favorise, des appréhensions et des espérances
excessives. On a voulu, de part et d'autre, avec une pensée
différente, découvrir une analogie entre notre âge et
l'époque où, battue sans trêve par la tempête, la société
romaine se désagrégea entraînant dans l'abîme la civilisation antique, afin que des ténèbres qui couvrirent la
grande catastrophe pût se dégager la lumière nouvelle
qui devait à son tour guider les peuples.

Mais, pour calmer les angoisses désespérées des uns et
la folle expectative des autres, une question vient aisément à la bouche de quiconque réfléchit sur ce rappro-
chement : où sont donc les Barbares? et où donc est le
Christ? Où sont les races d'une communion différente
de la nôtre qui doivent nous remplacer, comme des couches d'alluvions récentes qui se superposent sur le sol
primitif? Où est l'idée originale et rare, créatrice d'un

monde qui doit, sur les ruines du monde d'aujourd'hui, commencer une nouvelle évolution?

Je n'ignore pas la désolante théorie des cycles inexorables et des décadences périodiques tirée des bouleversements de la nature. Je n'ai pas oublié les légendes asiatiques des chutes originelles et les réminiscences anciennes des grands empires qui brillèrent et s'évanouirent avant les temps historiques. Je veux bien, pour un instant, faire crédit à ces théories et à ces traditions, que je me propose de contester tout à l'heure : quelle analogie pourrait-on établir entre les époques que je viens de rappeler et la nôtre? Comment! L'humanité qui commence à peine à se connaître elle-même et à se rejoindre lambeau par lambeau, molécule par molécule, à travers les mers illimitées et les déserts de sable brûlant ou de glace, on veut que déjà elle soit condamnée à la dissolution et à la mort, avant même qu'elle ait pu s'unir et se sentir unie? N'est-ce donc pas la première fois qu'elle essaye de formuler son aspiration vers cette existence complète, pour laquelle, depuis un si grand nombre de siècles, elle s'élève et s'étend sur la surface de la terre? Ne prend-elle pas seulement d'aujourd'hui ce nom sacré d'humanité, qui signifie universalité et amour? Et ne monte-t-elle pas encore les premiers échelons de cette immense échelle de la perfectibilité, dont le sommet se perd dans l'infini?

En réalité, le genre humain se trouve dans cette période de la vie où l'énervement trahit notre faiblesse, où les changements prompts révèlent notre défaut de résolu-

tion, où les appétits immodérés trahissent la grossièreté
de nos sens. Il est jeune encore, comme la terre, sa nourrice, qui n'est pas encore sortie des luttes de la formation, ainsi que l'indiquent ses bouleversements sou-
terrains et l'irrégularité des courants atmosphériques.
L'achèvement ou la perfection — supposé que la force
progressive de la société humaine doive avoir un terme —
serait manifestée par un état d'harmonie, d'équilibre et
de calme souverain. Tout apogée ressemble à la cime
des plus hautes montagnes, qui au voyageur, prêt à descendre le versant opposé, offre un plateau uni où il peut
reposer ses membres fatigués, dans l'oubli des peines
qu'il a endurées, et en contact, pour ainsi dire, avec la
perpétuelle sérénité du ciel.

Combien, hélas ! ne sommes-nous pas loin du but suprême, justement parce que le découragement nous prend
au milieu du conflit des idées et des intérêts, au milieu du
tumulte des passions sauvages qui semblent nous rendre
la justice inaccessible et nous intercepter la vue de la
vérité ! Les principes les plus contradictoires cherchent à
la fois leur justification dans les faits les plus bruyants de
nos jours. Les sentiments, qui ont inspiré au monde les
plus nobles enthousiasmes et que le respect des siècles
semblait avoir sanctifiés, sont soumis à l'analyse avec
dépit et mépris. Les dieux s'en vont, les temples croulent,
et les idoles et les monuments qu'on élève à la hâte, en
leur place, ne sortent de terre que pour être emportés par
le tourbillon ; et la sagesse d'aujourd'hui, pareille au vieux

Saturne latin, dévore et anéantit ce qu'hier elle créait fastueusement.

Quel est le principe, quel est le droit déclaré sacré, proclamé inviolable, que n'aient sacrifiés à l'envi les monarchies ou les démocraties, les partis anciens ou les nouveaux? Les révolutions succèdent aux révolutions, et jamais les discordes civiles, jamais les haines entre frères n'ont plus épouvantablement manié la hache ou secoué la torche des incendies. Les gouvernements dont l'existence ne se justifie que par le maintien de l'ordre le troublent, au contraire, et ceux qui se sont constitués au nom de la liberté entravent tout progrès : despotiques les uns, intolérants les autres. Tous ont la prétention d'être la vérité et la justice; tous, de par la Providence ou la Raison, se déclarent infaillibles ; contre les réclamations les plus légitimes, ils invoquent, arbitre impitoyable, la force; d'où le perpétuel sursaut des peuples et le ricochet des actions et des réactions violentes.

Au despotisme qui s'érige en vengeur du peuple, succèdent les républiques qui votent la dictature; au principe de la nationalité, qui était le droit d'émancipation des États, délimités par la nature, on substitue les conquêtes d'ordre historique, qui ne sont autre chose que le droit de la force remis en honneur. On invoque la liberté, et l'on peuple les prisons; on invoque l'équité, et l'on se revêt des dépouilles d'autrui; on prêche la paix, l'amour fraternel, et l'on opprime et l'on massacre. Le brigandage arbore sa bannière parmi les hommes d'ordre; le militarisme compte des amis parmi les hommes de progrès.

Ces contradictions et ces anomalies ressemblent à certains phénomènes qui passaient, dans les temps anciens, pour des faits surnaturels, mais que la science a depuis reconnus pour des accidents morbides et des résultats physiques.

Ce ne sont, après tout, à les bien considérer, que des désordres naturels à la gestation trop rapide et complexe qui travaille le sein de la société ; désordres causés par la quantité infinie d'éléments qui s'y mêlent et l'activent. Ce qui s'élaborait isolément se rapproche et se joint : état social, état politique, lois civiles, lois économiques, religion, mœurs, forment un amas que partout on remue pour le refondre. Les foyers d'activité qui brûlaient lentement, chacun pour un progrès, chacun pour un but, vont s'élargissant, et, de tous les points de l'horizon, les pointes des flammes s'attirent et convergent vers un centre unique. De cette conflagration générale d'idées, d'intérêts, de passions, naît la confusion, l'anarchie, le chaos apparent, où semblent disparaître toute règle de justice et tout sentiment de vérité. Aussi, l'angoisse devient-elle générale et la frayeur gagne les plus forts.

C'est pourtant de cette aveugle et universelle ardeur que l'unité sociale se sert pour se compléter. Le niveau s'élève graduellement chez les nations de toute race, qui, de toutes les latitudes, tendent leurs bras pour s'embrasser à travers l'espace, pour vivre toutes de la même vie.

Ce n'est pas seulement l'amour du lucre et l'âpre désir

de se mettre en rapport avec des êtres subalternes; ce n'est pas seulement le besoin de nouveaux échanges ni la seule curiosité de la science qui, de tous côtés, pousse aux expéditions lointaines et aux explorations les plus audacieuses. Ce ne sont pas les Phéniciens et les Romains qui ordonnent de recommencer le périple de l'Afrique; ce ne sont pas les envoyés de Néron qui visitent les vastes et perpétuels réservoirs du Nil dans la Nubie torride, ces bassins que découvrent de nouveau aujourd'hui des hommes de nationalité différente qui ne sont point partis sur l'ordre de l'empereur; non! c'est l'Humanité. L'explorateur est suivi par le colon avec ses outils et ses machines, et partout où une caravane, partout où un vaisseau a abordé, d'autres caravanes, d'autres vaisseaux aborderont, amenant d'autres hommes. Ainsi, tous les instincts humains se meuvent et agissent pour la même fin, pour la fin sublime, qui désormais se dessine et se manifeste clairement : la communion de tous les peuples, à laquelle chacun d'eux aspire, pour laquelle chacun d'eux travaille.

D'autre part, l'égalité s'établit entre les divers ordres de citoyens, et le progrès des classes élevées accélère le progrès de celles qu'on ne saurait plus appeler inférieures, mais qui luttent encore pour déchirer les derniers voiles qui les séparent des premières. Ce n'est plus l'esclave qui se révolte ni l'opprimé qui secoue le joug, ce n'est point la réaction de la force contre la force, ni non plus la réhabilitation d'une vertu déchue; non!

non! **Rien ne** se relève, mais quelque chose naît : nous assistons à une nouvelle ascension de la vie sociale. Je disais tout à l'heure que les hommes cherchaient les hommes ; j'ajoute ici avec joie que l'homme se retrouve lui-même, et, si l'unité sociale tend à se compléter, la conscience humaine s'affirme chaque jour davantage dans son universalité.

Mais quelle sera la forme que prendra cette création, qui est le monde moral lui-même? Cette forme aura-t-elle une capacité gigantesque? Douée d'une ductilité prodigieuse, se prêtera-t-elle à toutes ses inflexions et à tous ses développements comme l'écorce des arbres et la peau des animaux, lesquelles grandissent et s'étendent au gré de la nature ?

C'est tout le contraire qui a eu lieu jusqu'ici : l'enveloppe étroite et rigide qu'on a imposée à la société ne l'a que trop souvent déformée et contrefaite ; car, si la civilisation est parvenue à se développer, on le doit surtout à l'impulsion irrésistible de ses forces innées. Qui peut dire cependant combien de précieux lambeaux de chair la société humaine a laissés engagés dans ces funestes liens? et quel incommensurable espace de temps elle a perdu en allant et revenant sur ses pas, en s'écartant sans cesse du droit chemin? De sorte qu'elle semble avoir mérité le reproche de n'être guère apte à remplir les conditions du bonheur, auquel semble la vouer son origine.

La période dans laquelle l'humanité est prête à entrer

réclame des institutions qui, précisément pour se confor-
mer à la largeur de son développement, puissent la protéger contre les dangers inhérents aux nouveaux éléments qui la composent. Des hommes prudents ont déjà
poussé le cri d'alarme; mais on a préféré, par une fausse
interprétation, le confondre avec les cris d'angoisse et
de menace. Il est vrai que le tumulte des passions qui
fermentent et le bruit précurseur de la prochaine transformation, pareil à celui qu'on entend à l'approche des
cataractes d'un grand fleuve, assourdit les mieux inten-
tionnés.

Or, ces dangers, on les rencontrera sans aucun doute
dans le concours simultané des innombrables facteurs de
l'œuvre commune. On voudra, de tous les coins de l'univers, et presque à la même heure, participer à la même
espérance, collaborer à la même expérience, vivre dans
la même atmosphère. De tous les points du globe jailliront
des myriades de sentiments et d'idées qui, pareilles à des
langues de feu, sillonneront la terre dans tous les sens,
activant de nouveaux efforts, faisant éclater de nouvelles
espérances, éclore à chaque instant des germes d'une
fécondité multiple. Or, si la multiplicité des forces pro-
ductives est une source de vie, leur accumulation devient,
au contraire, une cause de mort. Toutes les fois qu'il y
aura excès et amas d'éléments convergeant vers une
même action, il y aura aussi fatalement immobilité ou
dissolution.

Comment ne pas s'efforcer de créer un champ assez

vaste pour que le genre humain y puisse accomplir sans
obstacle les évolutions successives par lesquelles il doit
passer pour se perfectionner indéfiniment? Car l'humanité n'est pas faite seulement de chair, et le but où
elle tend ne serait pas adéquat, s'il ne correspondait
pas à l'ample orbite de ses aspirations morales. Est-il
donc si difficile de permettre aux forces déjà si complexes qui la composent de se mouvoir en liberté, séparées et distinctes, tant que dure l'élan de chacune et
jusqu'à ce qu'elle atteigne son complet développement?
Quelle crainte peut nous empêcher de lui accorder une
telle faculté?

Il n'y a rien de désordonné dans la nature, hors ce
que l'on comprime artificiellement, car toute force, si
on la brise au milieu de son essor, dégénère, ou devient
pernicieuse, si elle n'est pas corrigée par la force contraire qui surgit à côté d'elle, ou secondée par la force
homogène avec laquelle elle s'unit spontanément. L'expérience, telle qu'un indicateur de granit, ne s'élève-t-elle
pas sur la voie des fastes humains pour nous apprendre
que là où l'activité a été la plus ardente, là aussi le
progrès a été le plus grand, et que l'agglomération a fait
languir et disparaître l'une et l'autre? Il n'existe pas une
autre loi dont la sanction soit plus certaine et plus immé-
diate.

La même conclusion, depuis l'antique Orient jusqu'à
nos jours, résulte invariablement de l'histoire de chaque
peuple. Tout ce qu'une nation a gagné par la distinction

de ses parties, elle l'a perdu par l'agglomération et la confusion. Quelle autre raison a jamais eue la décadence des grands empires, qu'elle ait été produite par une dissolution rapide ou par une lente décomposition ? Pourquoi, s'il n'en était pas ainsi, l'initiative d'une ville, d'une tribu, d'une nation, aurait-elle trouvé des auxiliaires bienveillants dans ses voisins, qui se tournaient contre elle et lui opposaient une résistance active ou inerte dès qu'ils se voyaient parqués dans un commun esclavage et contraints à des habitudes peu en harmonie avec leurs propres origines?

C'est par la seule recherche des voies que le progrès a successivement suivies dans chaque nation qu'on pourra découvrir les conditions nécessaires de son cours large et continu. Nous ne pourrons apprendre à connaître que par cette manière de procéder les modes intimes de l'essence même de la société, modes en tout temps cherchés, souvent entrevus, mais qui nous ont néanmoins toujours échappé, comme la signification des mythes dans lesquels les civilisations primitives ont déposé les arcanes de leurs doctrines.

Nous découvrirons alors que l'ordre, cette expression élastique qui a été tour à tour appliquée à toutes les formes et à toutes les phases de la société, est en réalité l'organisation ou distribution des forces sociales constituées dans la possession pleine et perpétuelle chacune de son propre développement et, toutes ensemble, dans la jouissance commune des résultats de chacune.

Sans cette distribution distincte, la recherche du vrai
— qui est le juste, le bon et l'utile — deviendrait impossible, elle, qu'il faut poursuivre par toutes les voies, souvent à travers les luttes, à travers les épreuves même de
l'erreur et avec le concours des hypothèses les plus
hardies et les plus diverses. Cette recherche n'est que
la manifestation ou la réalisation du sentiment de la
liberté : la liberté toujours invoquée, toujours idolâtrée
par le genre humain, parce qu'une voix intérieure, un
instinct inné l'avertit que c'est par elle seule qu'il peut
atteindre à tous ces biens.

Et qu'est-ce que la liberté elle-même, sinon le degré
qui conduit au seuil de la chose sainte par excellence,
sinon le vrai atteint enfin, la conquête de l'esprit, le but
du pèlerinage, l'autorité? l'autorité, qui, étant la seule
satisfaction de tous les besoins manifestes, est également la seule règle certaine, comprise et obéie, qui, dès
lors, renferme nécessairement en elle-même la sanction
contre quiconque ose la violer?

Ainsi, deux routes s'ouvrent devant nous : l'une déjà
frayée, explorée pas à pas et connue par le repentir de
ceux qui l'ont parcourue; l'autre, parallèle et tracée
contemporainement avec les mêmes rectifications dont
la première aurait eu besoin pour éviter les obstacles,
pour échapper aux dangers et avancer en droite ligne
devant elle. Quelle habitude paresseuse ou quel conseil
funeste, quel inexplicable motif nous empêchera de passer
désormais de l'une dans l'autre, quand il n'y a rien à

changer, si ce n'est de marcher d'un souffle moins hale-
tant et d'une allure plus libre?

Il ne faut pas que, de nos jours, quand toutes les
sciences se tournent vers la nature et suivent docilement
ses préceptes, une seule les repousse, la plus noble, celle
qui les embrasse toutes : la science de l'humanité.

TABLE.

LIVRE I.

RAPPORTS DES GRANDS EMPIRES AVEC LA SOCIÉTÉ HUMAINE.

LIVRE II.

CAUSES DE LA GRANDEUR ET DE LA DÉCADENCE
DES NATIONS ANCIENNES.

LIVRE III.

CAUSES DE LA GRANDEUR ET DE LA DÉCADENCE
DES NATIONS MODERNES.

Paris. — Typographie A. Hennuyer, rue Darcet, 7.

www.ingramcontent.com/pod-product-compliance
Lightning Source LLC
LaVergne TN
LVHW012007170726
843503LV00001B/268